www.tredition.de

AF204390

NichtGanzDichter

Best of
Slam
Poetry

BÜHNENTEXTE

www.tredition.de

© 2019 NichtGanzDichter – 3. Auflage

Verlag und Druck: tredition GmbH, Hamburg

ISBN
Paperback: 978-3-7469-1902-7
Hardcover: 978-3-7469-1903-4
e-Book: 978-3-7469-1904-1

Inhaltsverzeichnis

Prosa-Texte

Mitmach-Texte

Vorwort

Liebe Leserin, lieber Leser,

nachdem im März 2017 mit den „Geschichten eines nicht ganz Dichten" im Tredition-Verlag ein erster Einblick in die ungewöhnliche Lebenswirklichkeit des Autors erschienen ist, sollen in der vorliegenden – mittlerweile erweiterten – Sammlung die Bühnentexte im Fokus stehen.

Seit 2008 trete ich deutschlandweit bei Lesungen und Poetry Slams auf und mache meinem Namen als NichtGanzDichter alle Ehre. Überwiegend lyrisch und humoristisch, in vielen Fällen höchst skurril und theatralisch – so kommen die Beiträge daher, die erst auf der Bühne zur vollen Blüte reifen.

In der Rolle des MC Mate lautet die Devise: „Ich spiele Schach!" Statt Bitches gibt es beim Schach-Rap dann Damen, und wehe, eine solche wird geschlagen… „dann komm' ich mit dem Pferd!" Bereits in vielen Städten Deutschlands war das johlende Publikum am Ende schachmatt!

Neben HipHop-Satire, die auch eine nähere Betrachtung meiner „Homies" und ihres auffälligen Sozialverhaltens mit einschließt, liegt eine große Leidenschaft des nicht ganz Dichten naturgemäß beim… Dichten! So schlüpft der „Literarische Wandervogel" ins Gewand von so unterschiedlichen Geistesgrößen wie Günter Grass, Grönemeyer und Goethe.

Als durchaus kritische Selbstreflexion kann das Werk „Ich bin bescheiden" verstanden werden, das die ach so vielfältigen Fähigkeiten des Verfassers in Reimform komprimiert. „Wenn ich das Böse wäre" setzt sich hingegen auf poetische Weise mit unserer schönen, neuen Welt auseinander und ist das vielleicht tiefschürfendste Bühnenstück in dieser Sammlung. Wie auch „Rebellion 2.0" setzt es einen Kontrapunkt zu all den Kuriositäten, die etwa in einer Liebeserklärung an Ludwigshafen am Rhein gipfeln, der „erotischsten Großstadt Deutschlands"!

Ich bin studierter Naturwissenschaftler und betätige mich neben der Slammerei auch als Autor, Übersetzer, Immobilienmakler und Musikjournalist. Langweilig wird es somit nie!

Natürlich kann der abgedruckte Text – insbesondere im Fall der HipHop-Nummern – nur ansatzweise jenes Erlebnis wiedergeben, das eine Live-Performance mit sich bringt. Auch sollte beim Lesen bedacht werden: Fettes und Kursives wird betont, auf ein striktes Versmaß mitunter verzichtet. Fest steht: Live on Stage passt alles haargenau!

Viel Spaß mit den 30 besten Bühnentexten des nicht ganz Dichten, wie immer getreu dem Motto: originell, speziell, schwerstbegabt!

Weitere Informationen und aktuelle Auftrittstermine gibt es im Internet unter: www.nichtganzdichter.com sowie www.youtube.com/user/NichtGanzDichter

Kontakt zum Autor: info@nichtganzdichter.com

Performance-Texte

NichtGanzDichter als rasanter Rapper – es gibt wohl kaum eine Rolle, die dem umtriebigen Poeten noch größere Freude bereitet als die des leicht überdrehten HipHop-Performers!

Wortgewaltig, frech und ungemein zielsicher nimmt er sämtliche Klischees der Szene aufs Korn, gnadenlos parodiert er selbst den härtesten Ghetto-Style, er imitiert und intoniert Jugendsprache at its worst, wird dabei gerne mal zum Streetworker – und plaudert im Rapper-Jargon über seine spannenden Hobbies!

Die Lektüre der folgenden Performance- und HipHop-Texte dürfte einen ersten Eindruck davon vermitteln, wie lebhaft sich die entsprechende Live-Performance wohl anfühlen mag.

Mit seiner Nummer „MC Mate – Ich spiele Schach!" ist NichtGanzDichter längst einem breiteren Publikum bekannt, doch auch als verschlagener „Anwalt" sind seine Dienste gefragt, zumindest auf der Bühne – wenn er nicht gerade zum „Boss" mutiert!

Los geht's!

Der Anwalt

1

Wisst ihr, *wer* da vor euch steht?
Ich bin *der*, der's gern verdreht…
Und wenn *ich* dir nicht gleich helfe,
ist's für dich meist schon zu spät!

Ganz – gleich – ob – *Hühner*dieb,
ob *Fahrrad*dieb, ob *Bank*überfall:
Hast du *g'rad* was ausgefressen,
ja, dann bist du gleich mein Fall!

Denn im *Falle* aller Fälle
bin ich *schnell* für dich zur Stelle!
Große *Haie*, kleine Fische,
oder selbst 'ne *Bagatelle!*

Hab' für *dich* und deinen *Scheiß*
gleich den richtigen Be*weis*,
auch wenn *ich* mich dafür
erst in eine feine Robe *schmeiß'!*

Ja, dann zieh' ich vor Ge*richt,*
und da *bring'* ich es ans Licht!
Und was *ich* für dich berichte,
liebt der *Rich*ter meistens nicht!

> Ich trage *Ak*-ten, auch die ver-*track*-ten,
> und ich *wüh*le mich
> durch die beknackten *Fak*-ten.

Da wird die Gegenseite *nass!*
Das ist mehr als mega*krass!*
Denn wenn *ich* zum Schluss obsiege,
macht mir *das* erst richtig *Spaß!*

> **Ich – bin – der Anwalt, der Anwalt!**
> **Mir kannst du alles sagen!**
> **Ich hab' alles schon gesehen**
> **und hab' ständig was zu klagen!**

> **Bin der Anwalt, der Anwalt,**
> **und läuft's bei dir mal schlecht,**
> **ja, dann werde ich zum Kämp-fer**
> **– für *dein* Recht!**

2

Bei Gezeter und Ge*schrei*
heißt es: *rein* in die Kanzlei!
Treibt dich *ein*mal dein Gewissen,
oder ist's die Polizei?!

Kriegt der Nachbar auf die Fresse,
warst du frech zur Politesse,
ja, dann *land*est du bei mir,
und ich *führ'* für dich Prozesse!

Hast du Zoff mit deiner *Oll*en,
geh' ich *für* dich in die Vollen,
lieferst *du* mir die Indizien,
bring' ich *alles* schnell ins Rollen!

> Keine Gnade – och nee, wie schade!
> Ich fahr' dem *Wider*sacher
> gern in die Parade!

Ist die Miete über*teuert*,
hast du mal zu schnell gesteuert,
ja, dann bist du bei mir richtig,
ist der Anlass auch bescheuert!

Hat die Karre eine Delle,
hat die Ehe nicht geklappt,
willst du *dich* nur informieren,
oder hat man dich geschnappt?!

Schwere Jungs und leichte Mädchen
Ich hab' jeden schon vertreten!
Bin ein *Spezi* – ob bei Sach-
und sogar bei *Personen*schäden!

Also *raus* mit deiner Sprache,
ich notier' mir jedes *Wort*!
Ich helf' *dir* aus der Bredouille....
Und jetzt beichte mir deinen Mord!

Ich – bin – der Anwalt, der Anwalt!
Mir kannst du alles sagen!
Ich hab' alles schon gesehen
und hab' ständig was zu klagen!

Bin der Anwalt, der Anwalt,
und läuft's bei dir mal schlecht,
ja, dann werde ich zum Kämp-fer
– für *dein* Recht!

3

Ich ging jahrelang stu*dieren,*
und ich musste repe*tieren*
und aus dicken roten Büchern
meinen Lebenssinn kre*ieren*!

Kenn' heut' jeden Para*grafen,*
bin ein *Spe*zialist für *Strafen.*
Wenn du *mich* erst mal zum Feind hast,
kannst du *nachts* bald nicht mehr schlafen!

> Wenn du *Mist* machst – zuviel ge*kifft* hast,
> ja, dann kriegst du ein Problem
> mit meinem *Schrift*satz!

Ich kenn' jeden Knast von innen,
ich will jedes Mal gewinnen!
Bist zwar *du* hier angeklagt,
bin *ich* der, der's für dich sagt!

Ich bin Anwalt, du Man*dant,*
hab' sie *alle* in der Hand!
Im *Gerichts*saal angekommen,
red' ich *alle* an die Wand!

Ob – mit – *Wider*spruch, mit *Ein*spruch
und Aussage ver-*wei*-gert,
hol' ich *alles* raus,
was die *Wut* des Gegners steigert!

Mitge*fangen*, mitge*hangen*!
„Ich er*klär'* Sie für befangen!
Die Beweise sind echt *dürftig*,
das wird *nie und nimmer* langen!

Warum regen Sie sich auf?
Dafür gibt's doch keinen Grund!
Aber Herr Staatsanwalt, Herr Staatsanwalt,
Sie haben ja schon *Schaum* vor dem Mund!"

Ich – bin – der Anwalt, der Anwalt!
Mir kannst du alles sagen!
Ich hab' alles schon gesehen
und hab' ständig was zu klagen!

Bin der Anwalt, der Anwalt,
und läuft's bei dir mal schlecht,
ja, dann werde ich zum Kämp-fer
– für *dein* Recht!

4

Yo.. Früher oder später
brauchst auch *DU* 'nen Rechtsvertreter,
denn bevor du plötzlich sitzt,
komm' zu mir, ich bin gewitzt!

Mit... *Schachtel*sätzen, *Wörter*fetzen,
das sind meine Waffen,
auch mit Zeugen und mit Beugen
kann ich *für* dich manches schaffen!

Und nach Widerklage, Aktenlage,
alle Worte wenden,
kann auch dieses Mal die Sache
nur zu *unser'n* Gunsten enden!

Schlechte Jugend, falsche Freunde,
auf die schiefe Bahn geraten...
Doch das *alles* sei vergangen,
auch be*reust* du deine Taten:

Messer stechen, Kiefer brechen,

klauen, hauen und betrügen,

damit *hast* du abgeschlossen,

und du *willst* auch nicht mehr lügen.

Doch wie *du* das jetzt begründest,

kommt wohl jeder Rat zu spät!

„Herr Vorsitzender, ich schwöre:

Ich habe mich um drei-hundert-sechzig Grad gedreht!"

Ich – bin – der Anwalt, der Anwalt!

Mir kannst du alles sagen!

Ich hab' alles schon gesehen

und hab' ständig was zu klagen!

Bin der Anwalt, der Anwalt,

und läuft's bei dir mal schlecht,

ja, dann werde ich zum Kämp-fer

– für *dein* Recht!

MC Mate – Ich spiele Schach! 2008

1

Ihr denkt, ach schon wieder
so'n HipHop-Verschnitt?
Textet uns jetzt zu
mit seinem geistigen Shit?

Nein, meine Leude,
ich will euch gar nicht quälen,
nur mal fünf Minuten
von mei'm Hobby erzählen!

Mein Hobby hat Style,
ich habe schon Fans!
Das ist fast so geil
wie bei Poetry Slams!

Mein Hobby heißt Schach!
Da bin ich echt der Checker!
Und wie ihr alle wisst:
Wer Schach spielt, küsst lecker!

HipHop und Schach,
ich setze neue Trends!
Das krieg' ich locker hin –
auch ohne Benz und Baggypants!

> **Ich spiele Schach!**
> **Das ist mir echt heilig!**
> **Schach ist entspannt,**
> **und Schach ist so stylish!**

2

Ich bin ein Player!
Mein Style ist echt fett!
Champion aller Klassen,
mit dem härtesten Brett!

Lasst mich jetzt posen
und meinen Namen sagen!
Danach könnt ihr probieren,
mich im Schachspiel zu schlagen!

MC Mate –
das ist mein Name!
Bist du meine Bitch?
Nein, bei mir bist du die *Dame*!

Ich zeig' dir meinen Turm!
Voll das lange Teil!
Dein Herz krieg' ich im Sturm,
denn Schach ist sooo geil!

Ich halte dir auch gern
mein dickes Schach-Brett hin,
weil ich im Schach
am liebsten König bin!

Ich mach's dir Zug um Zug,
ich mache dich zufrieden!
Wir können gerne mal
eine Schach-Nummer… schieben!

Ich spiele Schach!
Das ist mir echt heilig!
Schach ist entspannt,
und Schach ist so stylish!

3

Ja, ich spiele Schach,
das ist voll der geile Sport!
Ich reiß' dir deine Dame
aus'm BMW fort!

Ich kann dich batteln,
das geht ganz ohne Narben!
Schwarz und weiß –
das sind meine Farben!

Wenn ich Schach spiele,
verdampf' ich Kalorien!
MC Mate versus…
Aggro Berlin!

Mir ist's egal,
ob du deine Bitch disst,
ob du dir vor Schiss
in deine Hosen pisst!

Mach', was du willst,
aber lass' mich in Ruh'!
Halt' deinen Schnabel,
schau' beim Schachspiel zu!

Ich spiele Schach!
Das ist mir echt heilig!
Schach ist entspannt,
und Schach ist so stylish!

4

Du nennst mich Opfer…
Richtig wäre… Bauer!
Ich diss' dich auf dem Brett,
MC Mate hat Power!

Wenn ich Schach spiele,
dann loost du ab, du Spacko!
Greifst du mich dann an,
dann werd' ich derbe aggro!

Wenn ich dich battle,
dann ist das Old School!
MC Mate – East Coast,
du bist stockschwul!

Hey, du kleiner Gängster,
du hast es nicht gecheckt:
Man bewegt eine Dame
mit Gefühl und Respekt!

Und wenn du meine Dame schlägst,

wenn du mit ihr verkehrst,

dann komm' ich ohne Knarre,

aber dafür mit dem Pferd!

Mein Pferd hat vier Beine!

An jeder Ecke eins!

But never forget:

Dieses Brett ist… meins!

> **Ich spiele Schach!**
>
> **Das ist mir echt heilig!**
>
> **Schach ist entspannt,**
>
> **und Schach ist so stylish!**

5

Bauer zwei vor,
König eins zurück,
Springer auf C6,
das ist Können – kein Glück!

MC Mate –
ich setz' dich matt!
Ich mache dich alleine
mit Figuren platt!

Du brauchst Homies,
Bunnies und MC!
Alles, was ich brauch',
ist meine Spielstrategie!

Du... hast nur Sido
und Bushido im Kopf?
Mein Idol ist Russe
und heißt Kasparov!

Meine Hosen sind zu groß,

warum muss das so sein?

Ist doch ganz klar:

Ich steck' mein Schachbrett da rein!

Ich spiele Schach!

Das ist mir echt heilig!

Schach ist entspannt,

und Schach ist so stylish!

6

Ich zieh' dich ab,
ich werf' deine Dame raus!
Du ziehst dir 'ne Nase,
ich trink' nur mein' Kaffee aus!

Turm, Dame, König,
Läufer und auch Springer,
hier geht voll was ab,
denn Schach ist der Bringer!

Ich steh' auf Schach!
Du stehst auf Huren!
Wir haben was gemeinsam:
Wir stehen auf Figuren!

Gehst du in den Club,
machst du einen Diss-Track,
dann zeig' ich dir mein Brett
und sage laut CHECK!

Checkst du es nicht?!
Mein Sieg ist längst in Butter!
Spiel' doch mit deinem Turm,
oder heul' bei deiner Mutter!

Mein Brett gehört mir!
Hier spiele ich!
Wenn du dich nicht verpisst –
dann töööte ich dich!!!

Ich spiele Schach!
Da kriegst du echt Bammel
… wenn ich nicht g'rad angel
oder Briefmarken sammel!

Ich spiele Schach!
Das ist mir echt heilig!
Schach ist entspannt,
und Schach ist so stylish!

Homies (Der Sozial-Rap)   2018/2009

Du findest Geschichte scheiße…
so wie Erdkunde!
Kommst gechillt nach Hause…
nach deiner Therapiestunde…

Du bist so erwachsen…
denn du machst Führerschein…
Scheiße, warum kann der Shit…
nich' so rein wie früher sein?!

Du hast Kollegen…
und die haben heiße Bräude…
Du hast ADHS…
so wie die meisten deiner Leude…

Und du trägst…
'ne dicke, weiße, weite Hose…
Man bescheinigt dir:
'ne negative Sozialprognose!

Du hast eine Bitch…

und die ist dreizehn Jahre…

Du machst Geschäfte,

du tickst nur heißeste Ware!

> Deine Entwicklung
>
> ist etwas retardiert!
>
> Dafür ist dein Body
>
> braun… und durchtrainiert!

Dich bewundern…

deine Buddies aus dem Ghetto…

Du bist auf Hartz,

das sind vierhundertsechzehn Euro netto…

Poetry Slam

kommt für dich ansonsten nie in Frage!

Doch heut' musst du mal hin…

als Bewährungsauflage!

> Dein Bruder ist sechzehn…
>
> und betreibt schon ein Bordell!
>
> Und seine Freundin…
>
> ist bald Germany's next Top-Modell!

Unter deinen Hooomies…

gibt es keine Gymnasiasten…

Denn du findest, Schule…

is' nur was für Spasten!

Du wurdest gedisst…

und sowas trifft dich hart.

Doch bei den Gangstazzz aus Klasse sechs…

sprießt schon der Bart!

Zu deiner Ehre zählt es,

wenn man ständig schwört!

Und von Che Guevara…

hast du noch nie ge-hört!

Du bist ein Poser…

und du hast voll den Flow…

Und deine Frustrationstoleranz…

ist ziemlich low!

Derbe Action auf dem Schulhof,

das ist trendy…

Und deine Konfliktlösung…

filmst du mit dem Handy!

Du verstehst es,

dich von zuhause abzunabeln…

Dein Wortschatz…

enthält fast dreihundert Vokabeln!

Kommunikation…

ist für dich ein Kinderspiel!

Denn du hast…

ein Instagram-Profil!

> Und dein Kollege..
>
> mixt seine Drinks!
>
> Und du…
>
> klickst deine Links!

Auf dein Messer…

kannst du nur schwer verzichten…

Du bist ein Member…

in den bildungsfernen Schichten!

Das mit der Orthographie…

liegt dir eher weniger,

denn du bist…

ein anerkannter Legastheniker!

Und die Girlzzz finden dich süzzz…

und zwar mit Zett!

Da landet schon mal…

'ne Diddlmaus in deinem Bett!

Du kannst Sex

nicht von Liebe unterscheiden…

Doch is' egal…

weil alle dich um deinen Schniedel beneiden!

Du sagst „Ey Diggggga"…

und meinst deine Connection!

Du bist der Babo…

und verschaffst den Mädchen Satisfaction!

Du findest Gummis scheiße…

und machst es lieber ohne…

Du trägst Verantwortung…

jetzt auch für deinen Sohn, 'ne?!

Und von weeehlen gehen…

hältst du nix!

Denn du bist längst der King…

für deine Chixxx!

Du hast Style…

und dein eigenes Label…

Und deine Mudda…

die tanzt im Dollhouse auf dem Table!

Das mit der Literatur…

hat dir noch niemand empfohlen…

Doch manchmal hörst du rein…

ins Buch von Dieter Bohlen…

Du bist auf Twitter,

WhatsApp, bist ein User!

Deine Feinde nennst du Pisser…

Opfer oder Loser!

Und jetzt hast du Beef…

mit deinem Bro!

Doch nimmst es ea…sy

wie bei Cro!

Dein iPhone Sieben…

legst du nicht mehr beiseide…

„Läuft bei dir" – sagst du,

und du bist chronisch pleide…

Ja, das is' *Mega*… das is' Hammer…

fett und Geilomat!

Denn du hast stets…

'nen Superlativ parat!

Du bist ein Styler… ein MC,

ein Player, voll der Checker!

Doch weißt du was:

Mir gehst du tierisch auf den Wecker!!!

Ich bin der Boss! 2016

1

Vor euch *steht* ein echter Boss –
bin ein *Herr* und ein Gebieter.
Alles *kann* er, alles *weiß* er,
alles *hört* er, alles *sieht* er!

Bin der *Leiter* der Abteilung,
bin der *Chef*, der alles kann.
Ich bin *streng* und bin gerecht –
und ich bin ein echter *Mann*!

Hört, ich *führe* zwanzig Leute,
ich ent*sende* Personal!
Und das *Wohl* der ganzen Firma
int'res*siert* mich allemal!

Ich weiß *immer*, was ich mache –
und ich *mache* wirklich viel!
In dem *Laden* aufzusteigen,
ist mein größtes Lebens*ziel*!

Ich hab' *Mut* und hab' Visionen,
dafür *werd'* ich euch nicht schonen,
doch ich *sorge* für die Menschen,
die in *meiner* Firma wohnen!

Bin ein *Vater* für euch alle,
meine *Macht* bau' ich gern aus,
und da*mit* das alle sehen,
schmeiß' ich *erst* mal einen raus!

Täglich *feier'* ich Erfolge,
hab' auf Arbeit ständig Lust,
ich bin *stolz* und charismatisch –
ich bin *mehr* als selbstbewusst!

Ich be*glücke* meine Frau,
denn auch privat läuft's wie geschmiert!
Ich be*stimme* alle Regeln –
und ich werde respektiert!!!

> **Ich bin der Boss! Ich bin der Boss!**
> **Habt ihr das noch nicht erkannt?!**
> **Ich bin der Boss! Ich bin der Boss!**
> **Man hat *mich* dazu ernannt!**

2

Ich hab' *jahre*lang studiert,

ich bin schrecklich talentiert,

und ich *habe* einen Master,

und ich habe promoviert!

Bin ge*bildet*, bin begabt,

ich bin *überall* gefragt!

Es gibt *keinen*, der es *fach*lich

mit mir aufzunehmen *wagt*!

Hab' das *größte* Einzelzimmer,

und das liegt im höchsten Stock!

Ich hab' *eine* Sekretärin,

auf die *hab'* ich manchmal Bock!

Ich will *sehen*, was ihr treibt –

ich über*wache* das WC,

kontrol*liere* eure Rechner –

und ich setz' dich ins CC!

Bin beim Marathon ganz vorne,
bin aktiv und bin gesund,
führe *ein* erfülltes Leben,
und ich habe einen Hund!

Doch hab' *ich* mal schlechte Laune,
seid ihr richtig ange*pisst!*
Denn ich *liebe* es zu quälen,
in mir *steckt* auch ein Sadist!

Wer in *meiner* Firma schuftet,
muss erst mal an *mir* vorbei,
und die *Stelle*, die ich ausschreib',
ist auch *manch*mal gar nicht frei!

Gib dir *ruhig* die größte Mühe –
schick' mir die Be*werbung*smappe!
Und bist *du* bei mir gelandet,
hältst du *fort*an deine Klappe!

Ich bin der Boss! Ich bin der Boss!
Habt ihr das noch nicht erkannt?!
Ich bin der Boss! Ich bin der Boss!
Man hat *mich* dazu ernannt!

3

Wir sind *alle* ein Betrieb,
und wir *ha'm* uns alle lieb...
Alle *wissen*, dass *ich* hier
die meisten Überstunden schieb'!

Doch bei *uns* gibt's keinen Neid,
und bei *uns* gibt's keinen Streit.
Wir sind *alle* schwer beschäftigt,
und wir haben keine Zeit!

Morgen *früh* die nächste Telko,
und jetzt *ab* in den Jour Fixe!
Und dann *ASAP* in dein Meeting,
ohne *Englisch* läuft hier nix!

Ein Kick-*Off* für das Joint-Venture,
Corpo*rate* Iden*tity*,
Benchmark, *Power*point und Excel,
Work-Life-*Balance* schaffst du... nie!

Ja, du *kannst* den Chef ruhig duzen,

denn wir *sind* hier alle gleich!

Schaust du *auf* die Lohnabrechnung,

wirst du plötzlich kreidebleich...

Hast du *damit* ein Problem,

kannst du zum *Betrieb*srat gehen...

Doch ich *fürchte*, in der *Zu*kunft

wird man dich hier nicht mehr sehen!

Doch, ich *sehe* deine Leistung,

nur es gibt nix zu ver*schenken,*

denn wir *müssen* uns verschlanken

und die Arbeits*kosten* senken!

Damit *raub'* ich dir die Nerven,

damit raub' ich dir den *Schlaf!*

Und wa*rum* ich das so mache?

Ist doch *klar* – weil ich das *darf!*

Ich bin der Boss! Ich bin der Boss!

Habt ihr das noch nicht erkannt?!

Ich bin der Boss! Ich bin der Boss!

Man hat *mich* dazu ernannt!

4

Ganz *egal*, wie alle leiden –
einer *muss* hier ja entscheiden,
ich sag' *danke* für den Input,
ich will *den* Konflikt vermeiden!

Klärt das *nur* bilate*ral* –
pro*aktiv* zur Synergie!
Jede *Azu*bine weiß:
don't hesitate to contact *me*!

Willst du *dich* gut infor*mie*ren,
musst du halt zu *mir* marschieren,
und ich hätt' da noch 'nen Auftrag,
den würd' ich jetzt delegieren.

Und jetzt geb' ich dir Feedback –
und dann kriegst du einen Schreck!
Denn wenn *ich* e-va-lu-ie-re,
sind die Aufstiegschancen weg!

Hör' ich *etwa* einen Lacher?

Vor euch *steht* ein echter Macher!

Wenn wir *einen* Bonus zahlen,

ist das *immer* ein Geschacher!

Und mit *meinen* Strategien

läuft das Unternehmen... echt!

Hab' zu *allem* eine Meinung –

Und vor allem hab' ich... Recht!

ICH BIN DER BOSS! ICH BIN DER BOSS!

Hör' ich *dich* noch einmal tuscheln,

in der Küche, auf dem *Flur*!

Oh, dann *werde* ich dich führen

auf die richtig harte Tour!!!

Dann geht *niemand* mit dir essen –

du kommst *nicht* mehr ins Büro,

und ich *brülle* dich zusammen,

und ich *sperr* dich ein – im Klo!

ICH BIN DER BOSS!

5

Ja, ich *hab'* noch Großes vor,

zu euch sprach 'ne *Führung*skraft!

Und jetzt *weiß* es auch ganz *Mannheim*,

was der Chef so alles schafft!

Doch nun *Schluss* mit der Performance,

gab ich euch genügend Futter!

Und jetzt *tschüss* – ich muss nach Hause –

denn dort wartet… meine Mutter!

ICH BIN DER BOSS!

ICH BIN DER BOSS!

ICH BIN DER BOSS!

Psychotherapeut   2017

1

Ge-**hörst** du viel**leicht** zu den sch*euen* Leuten...

Man **sagt** dir, du solltest mal zum **The**-ra-peuten...

Dann **lass'** dir gesagt sein, hier **bist** du richtig!

Nur **eins** wär' noch wichtig:

Ich ticke selbst nicht richtig!

Böse **Zun**gen sagen **schon**, ich **hätt'** - nen Knall,

während andere beklagen,

ich sei selbst mein schwerster Fall!

Denn im **Ober**-stübchen brennen **tau**-send Lichter,

und da **drau**-ßen nennen sie mich

Nicht-Ganz-Dichter!

Und **schrei**test du hinein in **mei**-ne Praxis,

dann zeig' ich meinen **Reich**-tum

wie Thurn und Taxis,

denn **ein**-gerichtet werd' ich vom De-**signer!**

Kosten-**frei** ist **ein**-zig der Tränen-Eimer.

Da **weinst** du hinein, wenn du **bei** mir bist.

Du **kotzt** dich aus - und ich hör' den ganzen Mist!

Und dann **dringe** ich ein – in **deine** Seele

und **hol'** alles raus, was ich dann daheim erzähle,

wo **mei**ne – Frau und die **Kin**der lachen,

denn so **man**ches Mal gibt es richtig krasse Sachen,

die bei **näherer** Betrach-tung **mensch**lich sind,

weil ein jeder von uns doch ein **bis**schen spinnt!

> **Ich bin Psychotherapeut,**
>
> **und ich therapier nach Freud!**
>
> **Wir sind alle nicht ganz dicht –**
>
> **nur die meisten**
>
> **wissen's**
>
> **nicht!**

2

Ist dein **Herz** gebrochen, sagt die **Seele** Autsch,

dann kommst du angekrochen - auf **mei-ne** Couch!

Bei **mir** ist noch keine Thera-**pie** gescheitert,

und du **hast** noch immer deinen Horizont erweitert,

denn mit **meinem** Ansatz nach **Sig**mund - Freud

ver**schaff'** ich dir im Leben wieder Sieg und Freud

und **bring'** dein Gemüt in spürbare Er**hell**ung

mit Ver**haltens**-therapie und Fa**milien**-auf-**stellung**!

Über**steigertes** Ego und schwa-cher Wille,

mit Re-**zept** kriegst du **bei** mir auch dafür eine Pille,

und ich **stille** dein Verlangen nach **Lust** und Liebe,

denn ich **bin** dein Mittel gegen **Frust** und Triebe...

Und **hast** du auch mehrere **Persön-**lichkeiten,

so kriegst du 'nen Rabatt schon **ab** der zweiten.

Und ich helfe dir aus Sekten und **Psycho-**Logen.

Drum **sei** immer nett zu deinem Psycho-logen!

Und **hab'** keine Angst, das ist **NICHT** verrückt,

sondern einfach nur **das**, was **dich** bedrückt.

Also wiegen deine Sorgen auch **einen** Zentner:

nix wie **auf** zu **dei**-nem **Seelen**-klempner!

> **Ich bin Psychotherapeut,**
>
> **und ich therapier nach Freud!**
>
> **Wir sind alle nicht ganz dicht –**
>
> **nur die meisten**
>
> **wissen's**
>
> **nicht!**

3

Und **neigt** deine Ehe **sich** dem Ende,

dann **reibt** meines-gleichen **sich** - die Hände,

denn die **Schei**dung woll'n doch die **meis-**ten nie,

versuchen es vorher noch mit **Paar-**therapie…

Und **ist** die Beziehung **nicht** - zu - retten,

dann würde ich euch ra-ten, **nicht** - zu - kletten,

denn die **hätten** es drauf, sich **auf-**zu-raffen.

Also **hört** endlich **auf** mit den **Klammmer-**affen!

Mit **Freiraum** und mit **mehr** Ver-trauen,

so könntet auch **ihr** eure Eifersucht abbauen,

denn das **Hauen** und Stechen, das **führt** zu nix!

Darum seid ihr bei **MIR**, und ich kenne alle Tics:

Ob **Wasch**zwang, **Lach**zwang oder nur ein **Sach**zwang,

Manch-mal - bist du – einfach nur zu schwach, Mann!

Glaubst allen Ernstes, du **brauchst** mich nicht…

Doch da **sage** ich dir - - Vertraue meiner Sicht!

Also **spar'** - dir - getrost deine Eigentherapie,

denn so manche Problematik

löst sich von alleine nie!

Also: Komm in meine Praxis,

das ist wirklich keine Schande,

und ich bin der beste Psychotherapeut

im ganzen Lande!

Ich bin Psychotherapeut,

und ich therapier nach Freud!

Wir sind alle nicht ganz dicht –

nur die meisten

wissen's

nicht!

4

Und mir ist's egal, welche **Kranken**-kasse!

Ganz ehrlich: Ich - finde meine **Kranken** klasse,

aber lasse ich **dich** auch **lan-ge** warten,

ich glänze durch Wissen - und **mei-ne** Taten!

Ob klaustro-**phob** oder **klepto**-man,

bei **mir** hast du Platz – und ich heile deinen Wahn!

Denn ich nehm' mich deiner an und **nehm'** mir Zeit!

Und mach mir meine Rhymes ohne **Penis-neid**…

Doch das **Ei-ne** muss ich euch am **Ende** beichten:

dass auch **meine** Kräfte

mehr als einmal nicht mehr reichten!

Darum **heißt** es für mich jetzt **Seelen**-pflege!

Ja, ich **hab'** 'nen Termin - - da wartet mein Kollege!

Ich bin Psychotherapeut,

und ich therapier nach Freud!

Wir sind alle nicht ganz dicht –

nur die meisten

wissen's

nicht!

Lyrische Texte

Poetisches, sich Reimendes und Schüttelndes, und das alles zu den verschiedensten Themen, angefangen bei Politik, Gesellschaft und Liebe, bis hin zu den nur allzu menschlichen Abgründen: NichtGanzDichter arbeitet ein breites Spektrum ab, (nicht ganz) dichterisch, wohlgemerkt!

Weit über 300 Gedichte sind seit dem fünfzehnten Lebensjahr entstanden. Mal wird der Dichter zum „literarischen Wandervogel", mal „prahlt" er mit seiner vielgerühmten Bescheidenheit, auch setzt er sich mit den scheinbar unabänderlichen Attributen von Männlein und Weiblein auseinander – und richtet einen kritischen Blick auf unsere schöne, neue Welt. Da wird es schon mal Zeit für eine „Rebellion 2.0"!

Darüber hinaus schreien poetische Bühnenstücke, in denen etwa die Geschlechter klischeehaft aufeinanderprallen, nach einer Slam-Aufführung im Duett! Es folgt eine kleine Auswahl an lyrischen Ergüssen, die mitunter ihren Weg auf die Bühne finden.

Der literarische Wandervogel   2017/2007

1. Ich wander' im Nebel wie Hermann Hesse,
ich schreib' für euch Lieder so wie Manesse,
ich nutz' die zwölf Töne so wie Hans Eisler,
vergifte Tauben im Park – wie Georg Kreisler.

2. Ich ticke nicht richtig – so wie mein Wecker,
und ich lüge wie Jakob bei Jurek Becker.
Ich bete für Frieden wie William Penn,
und brech' jeden Stil – wie Gottfried Benn.

3. Werde alt und politisch wie Stephan Heym,
und ich liebe euch nicht – wie Matthias Reim!
Ich kritisiere die Elche wie Robert Gernhardt,
und scheitere immer, wie bei Kafka und Bernhardt.

4. Ich erkämpfe die Freiheit wie Friedrich Schiller,
mich jagen die Hexen – wie bei Arthur Miller.
Meine Schuppen… trage ich stumm wie ein Fisch,
produzier' Schweizer Käse – so wie Max Frisch.

5. Bin undurchdringbar wie deutsches Recht,
und hab' nur drei Groschen – wie Bertolt Brecht!
Ich muss euch was beichten… ihr wüsstet gern was?
Doch ich sag's euch erst spät – wie Günter Grass!

6. Ich bin fromm und frei wie Friedrich Silcher,
ich zerreiß' euch das Herz – wie Rosamunde Pilcher!
Und wie Grönemeyer – so hört ihr mich singen!
Ach, ihr *könnt* mich mal alle!!!
Wie Götz von Berlichingen…

7. Ich vergreif' mich im Ton
– wie beim Spiel mit der Flöte…
Ich bin Dichtung und Wahrheit
– wie Wolfgang von Goethe!

Rebellion 2.0 2018

Rebellion 2.0...

rüttelt nicht am großen Ganzen,

nur an diesem falschen Fundament,

an der Basis des Systems,

das viel zu viele Menschen trennt.

Und so rollt ein erster Stein,

denn das *neue* Rebellischsein

beginnt im Kleinen!

Rebellion 2.0 ist...

auf den Shitstorm *nicht* zu reagieren,

oder all die Hater mit *Freundlichkeit* zu irritieren.

Dank Good Vibrations,

die durch den Raum spazieren,

die Schönheit *deiner* Seele niemals zu verlieren!

Rebellion 2.0 ist...

nicht immer alles kaufen müssen,

nicht immer alles saufen müssen,

auch mal *verschnaufen* müssen...

dem Konsumzwang einfach zu entsagen

und das, wovon du träumst, ganz real zu wagen!

Wenn du DU bist, wenn du DU bleibst,

wenn du dein eigenes Buch schreibst,

wenn du dich nicht verbiegen lässt

und du dich nicht besiegen lässt,

dich *niemals* unterkriegen lässt!

Wenn du trotz *Ozon*loch

auf Wolke *sieben* schwebst –

und du beim Poetry Slam *Lyrik* vorträgst!

Rebellion 2.0 ist...

auf übertriebene Korrektheiten zu pfeifen

und auf Schneemänner

mit einem Mohrenkopf zu schmeißen!

Die Payback-Karte zu zerbeißen!

Die Rolltreppe rückwärts hochzusteigen!

Und wenn alle Welt am Tratschen ist,

einfach nur… zu schweigen.

Rebellion 2.0 ist...

eine Sache des Alltags,

was du von Fall zu Fall magst,

wenn Du einfach mal nein sagst

und am schönen Schein nagst,

wenn du einfach mal reinquakst

wenn du einfach mal MEIN sagst...

Weil du endlich an *dich* denkst

und dich *selbst* beschenkst!

Um den ganzen Ballast eine Schnur drum!

Und führe das System,

wo immer es geht, ad absurdum!

Rebellion 2.0 ist...

wenn der ach so coole Macker beginnt

von seiner Männlichkeit zu schwafeln,

zur Sache kommt –

und SIE... hebt *Wertungstafeln*!

Denn Rebellion 2.0 heißt auch...

dass du nicht immer nur die *Nette* bist,

von niemandem die *Marionette* bist,

dass du geistig frisch bleibst,

deine Faust fleißig auf den Tisch treibst

und draufhaust!

Wenn du mal näher drauf*schaust*:

auf den blöden Spruch am Bierstand,

auf den Kollegen, der seinen Sinn nur in *Gier* fand...

oder auf *den* Menschen, der stets zu *dir* stand.

Rebellion 2.0 ist...

jederzeit, an jedem Ort, an jeder Stelle,

im kleinen Kreis, doch Beginn einer großen Welle,

einer kritischen Masse,

und lasse dir nicht sagen, dass alles sinnlos ist!

Auch wenn die Welt anscheinend von Sinnen ist!

Du bist derjenige, der mitten drinnen ist!

In *deiner* Matrix… kannst *du* was bewegen!

Lass' dich nicht *abbringen* von deinen Wegen!

Auch wenn sie dich manchmal in die Irre führen…

Denk' daran: Es könnte auch sein,

dass dich IRRE führen.

Rebellion 2.0 ist...

wenn du weniger mit deinem Handy machst,

nachdem du mit dem Kopf

gegen die Laterne krachst!

Wenn Du deinen Blick vor nichts verschließt

und wenn du noch siehst, wie die Blume sprießt,

während du deinen spießigen Vorgarten gießt.

Rebellion 2.0 ist auch...

den Erzeuger um die Ecke *nicht* zu *vergessen*,

Erdbeeren und Spargel *nicht im Winter* zu essen,

und die *Fleisch*-Fresser nicht ständig zu stressen!

stattdessen mehr Lächeln und mehr Lachen,

einfach mal Komplimente machen!

Wo andere spalten – Tür'n aufhalten,

auch wenn sie längst drängeln

und dich zusammenfalten:

weil du dich dem Bettler erbarmst,

weil du Wildfremde einfach so umarmst,

du für andere *in der Bar* zahlst

und du weiterhin *in bar* zahlst.

Also…

Lasst uns das System neu aufsetzen!

Nur… lasst euch nicht gegeneinander aufhetzen!

Und Schluss mit dem Aufschwätzen

von irgendwelchen aussätzigen Aufsätzen

von falschen Propheten!

Dann lieber mal fünf Minuten Zeit für Poeten…

Rebellion 2.0 ist auch…

wenn Du *kein* Facebook-Profil hast,

wenn Du bei der Stellenausschreibung

nicht in deren Profil passt –

und wenn das für dich *passt*,

wenn du WhatsApp nicht used,

wenn du dir nicht ständig einreden lässt,

dass du loost –

und wenn deine Handlung…

auf einer Überzeugung fußt!

Rebellion 2.0 ist...

das Ende vom Treiben und Triezen,

bei Ikea nächstes Mal siezen,

ein paar Pfunde *mehr* statt Topmodel-Miezen!

Im Regen unbeschwert tanzen,

kleines Glück im Großen und Ganzen!

Sich über echte Freundschaften *freuen*,

und das *jeden Tag* von Neuem,

über gelungene *Stunden*

und das Lachen eines Kindes,

über gesellige *Runden*

und den Anflug eines leichten Windes,

über die Sonne, die im Ozean versinkt,

und über all das, was dir das Leben noch so bringt!

Rebellion 2.0...

ab heute, jetzt und hier!

Und das, was wirklich zählt, seid... IHR!

Danke!

Männer vs. Frauen – ein Zusammenprall 2011

Ihr bringt das Leben in die Welt,
ihr seid das, was dem Mann gefällt!
Ihr habt keine starken Ellenbogen
und konsumiert höchstens weiche Drogen.

> Als Herren der Schöpfung seid ihr bekannt,
> das Hirn in der Hose, das Bier in der Hand,
> die Kippe im Mund, das Gesicht nicht rasiert,
> so ein richtiger Macker, markant, tätowiert...

Ihr seid süß wie Bärchen von Haribo
und geht fast immer zu zweit aufs Klo!
Ihr tragt die Haare zum Zopf gebunden,
wenn ihr shoppen geht, dauert das etliche Stunden.

> Ihr pflegt euren Wagen
> und wechselt den Reifen,
> kommt 'ne süße Blondine, dann...
> wollt ihr sie greifen!

Trotz dicker Hose
und dicken Taschen
kriegt ihr sie nie,
denn ihr seid nicht gewaschen!

Ach ja, ihr Frauen, ihr seid so penibel,
ihr nennt das gefühlvoll oder sensibel!
Von Männern fühlt ihr euch nur benutzt!
Wer ist es denn nun, die für uns putzt?!

Ihr wechselt den Slip
noch nicht einmal täglich!
Für euch ist das männlich,
für die Frau unerträglich!!!
Bei kleinen Geschäften
bleibt ihr gern stehen,
um beim Nebenmann
kurz nach der Länge zu sehen!

Ihr mögt weder Fußball noch Formel Eins,
von euren Geheimnissen sagt ihr mir keins…
Ihr habt häufig Kopfweh und meint: „Gib mir Zeit!"
Doch der Mann ist leider schon seit Stunden bereit!

Ihr sucht ständig das Eine,

da macht ihr auf nett,

wollt 'ne heilige Mutter

und 'ne Hure im Bett!

Der billigste Trick

macht euch unendlich schwach,

weil ihr fremdgeht,

gibt's hinterher Ehekrach!

Bei euch gibt es keinerlei Schweinereien!

Doch in Lücken parkt ihr nicht gerne ein!

Ihr kauft keine Autos, sondern Schuhe,

ihr redet so viel und gebt niemals Ruhe!

Ihr seid lieber stumm,

sprecht Emotionen nie an,

sonst fühlt ihr euch nicht mehr

als echter Mann!

So gebt ihr euch lieber

ganz lässig und cool,

denn niemand soll denken,

ihr seid vielleicht... schwul?!

Ihr seid als das schwache Geschlecht bekannt,
und neue Männer sucht ihr im Land!
Ihr lästert gerne und lacht euch schlapp –
und nehmt nur beim Telefonieren ab!

Ihr lest stundenlang Zeitung
und sitzt vorm TV,
Essen und Bier
bringt die Ehefrau.
Ihr seid immer fit,
mal höchstens 'ne Prellung,
beim Abseits, im Job
und im Bett zählt die Stellung!

Ihr seid nicht gerne klar und verbindlich,
doch seid ihr im Herzen überempfindlich!

Wird die Frau mal romantisch,
kriegt ihr doch das Kotzen!
Euch sieht man beim Sport
auf den Boden rotzen!

Ihr wartet, dass euch der Traumprinz begegnet –
und dass es vom Himmel Rosen regnet!

Ihr geht in den Puff…
da seid ihr der Held!
Ihr bückt euch niemals,
wenn die Seife fällt!

Ihr müsst Karriere und Kind verbinden!
Mit 29 seht ihr die Hoffnung schon schwinden!

Und ihr????
Schlagt euch zuerst den Schädel ein!
um dann bei 'nem Bier
wieder Freunde zu sein!

Und ihr… mögt Kunst, Kultur und Design!
Doch wenn der Mann Lust hat, sagt ihr nein!

Sex, Drogen und Alkohol…..
statt Rückgrat habt ihr ein Statussymbol!

Ihr macht es uns Männern wirklich nicht leicht!

Du und ein Mann? Das glaubst *du* vielleicht!

Ihr seid schon als Kind auf Zicke geeicht!

Du meinst, das Ding in der Hose…
das reicht?

Das ist nicht sachlich, warum solche Fragen!

Männer...

das sind *die*, die jammern und klagen!

Männer...

haben rein *gar nix* zu sagen!

Ihr seid für uns Männer echt unverständlich!

Und dennoch liebt ihr uns so unendlich!

Das ist eure Schönheit - die macht uns munter!

Und *du*... bringst gefälligst

den Müll hinunter!!!

Engelchen und Teufelchen auf der Suche

    Ich möchte einen, der mich liebt,

    der Empathie und Wärme gibt!

    Ich möchte einen Prinz mit Pferd…

    Und was du machst… machst du verkehrt!!!

Oh nein, du wirst mich niemals küssen!

Ich will dich auch nicht treffen müssen!

Auch will ich niemals mit dir sprechen,

und auch mein Herz wirst du nicht brechen!

    Ich möchte einen wie Brad Pitt,

    so männlich, durchtrainiert und fit…

    Ich will mich richtig fallenlassen,

    und auch George Clooney würde passen!

Du wirst mich nicht mit Charme verführen

und nicht in meinem Leben rühren!

Ich will nicht, dass du zu viel weißt…

und dass das Ding „Beziehung" heißt!

Den Mann für mich… muss man erst backen!

Humorvoll, klug, ganz ohne Macken!

Ein bisschen Kohle wär' echt nützlich,

'nen echten Kerl, denn der beschützt mich!

Nein, ich will gar nichts, nicht von dir!

Nicht heut', nicht morgen und nicht hier!

Oh, bitte komm' mir nicht zu nah!

Ich komm' mit mir g'rad selbst nicht klar!

Mit dir macht alles einen Sinn,

weil ich für dich die Eine bin…

Ich mag es, wie du mich begehrst

und wie du dich nach mir verzehrst…

Nichts und niemand' lass' ich ran!

Kein Freund, kein Lover – und kein Mann!

Auch Blumen möchte ich mitnichten!

Auf Süßholz kannst du echt verzichten!

Romantisch sollst du mir begegnen…

Für mich soll's rote Rosen regnen!

Gefühle sind hier fehl am Platz!
Und nenn' mich bloß nie wieder „Schatz"!
Und wehe, wenn du mich liebkost!
Sonst reagiere ich erbost!

> Ich wünsch' mir Glück und Harmonie…
> und einen Mann mit Fantasie…

Hinweg mit deinen schönen Worten!
Hinweg mit deinen süßen Torten!

> Der Traumprinz soll das Jawort wagen…
> und mich…. über die Schwelle tragen…

Die Hochzeitsglocken läuten nie!
Hör' auf mit deiner Poesie!

> Ich möcht' in deinen Armen liegen
> Und Kinderglück zum Abend wiegen

Nein, nein, das alles will ich nicht!!!
Da hilft kein Reim und kein Gedicht!

… drum geh ich jetzt ins Kämmerlein,
denn ich genieß' mein Single-Sein!!!

Wenn ich das Böse wäre   2016

Wenn ich das Böse wäre…

dann wäre es vorbei

mit Freude und mit Lachen.

Denn ich hätte einen Plan für euch …

und der bestünde

aus tausend Sachen,

die euch das Leben zur reinsten Hölle machen:

Es gäbe viele *Gründe* …

gegen all die Götter, an die ihr alle glaubt,

denn ihr kämt in ein *System*,

in dem der Reichste von den Ärmsten raubt,

in dem das schwächste Glied

vergeblich nach Entlastung schreit,

und niemand fände mehr für das,

was wirklich wichtig ist, die Zeit.

Wenn ich das Böse wäre…
dann würd' ich Brot und *Spiele*
für euch neu erfinden,
ihr würdet euch an Internet,
TV und an Maschinen binden.

Und meine *Ideale*… würden allerorten präsentiert,
von meiner *Mode*, meinen *Liedern*, meinen *Filmen*…
wärd ihr fasziniert!

Ich würde euch mit Unterhaltung
und mit Wettkampf überschwemmen.
Ihr wäret abgelenkt von dem Problem,
den *Lebens*unterhalt zu stemmen.

Wenn ich das Böse wäre…
dann gäb' es Medien,
mit deren Hilfe meine *Botschaft* alle hören.
Und die Gemeinschaft, den Zusammenhalt,
den würde ich *zuerst* zerstören.

Ich würde schnell *erreichen*,

dass all den alten Kram *niemand* vermisst,

und dass auch *keiner* hinterfragt,

wer er denn wirklich ist.

Ich würd' euch dazu bringen,

dass ihr nur eure *eig'nen* Wege geht,

und jeder säh's als Ausdruck seiner Freiheit...

und von *Individualität*.

Wenn ich das Böse wäre...

ich ließ' euch Tag und Nacht *kommunizieren*,

und dennoch würde sich ein jeder...

in seiner Einsamkeit verlieren.

Und wacht mal jemand auf...

aus seinem tiefen Schlummer,

erblickt im Spiegel eine Fratze...

verzerrt vor Schmerz und Kummer,

dann hätte ich für euch ...

schon längst die passenden *Substanzen*.

So könnt ihr unbeschwert und *seelenlos*

zu meinem Rhythmus tanzen!

Wenn ich das Böse wäre…

ja, dann erfänd' ich Psychologen,

die niemanden kurieren,

und sänge ein Hoch auf die Gesellschaft,

in der sie unentwegt

die Folgen meines Handelns therapieren.

Ideen würd' ich streuen, die sich wie wild bekriegen,

ein jeder würde *kämpfen* – für die gerechte Sache –

und glauben, ER würd' am Ende siegen.

Dass ich nicht lache…

In *Kriegen*, die ihr niemals wolltet,

würdet ihr *krepieren*,

denn ich würde beide Seiten …

mit *Geld* und *Rüstungsgütern* ausstaffieren.

Wenn ich das Böse wäre…

dann wär' das *ich*,

der Seuchen und Erreger brächte…

und euch danach *erklären* lässt,

dass es Mutter *Erde* war, die sich an euch rächte.

Ihr wärd gefangen …
in eurer *abgrund*tiefen Schuld und eurem Scheitern,
Und *mich* .. und die, die für mich handeln,
die würd' es nur erheitern.

Wenn ich das Böse wäre…
dann würdet ihr an eurer Angst ersticken.
Ich würd' euch *pausenlos*… Gefahr und Schreck
und Terroristen schicken.

Und weil ihr ach so *schlecht* seid,
müsst' *ich* euch kontrollieren,
mit Mikro-Chip und *Smartphone*…
säh' man euch rumspazieren.

Den Alltag… würd' es euch erleichtern,
das würdet ihr begrüßen,
so lägt ihr *mir* und meinem großen Werk…
ganz ungeniert zu Füßen.

Wenn ich das Böse wäre…

dann wär' es *ich*,

der für euch wirklich denkt,

und ihr hättet längst *verdrängt*,

dass ein jeder *Mensch* es ist,

der die Geschicke lenkt.

Es wären *Geld* und *Macht* und *Ruhm*,

wonach ihr alle strebt.

Es gäbe kaum noch einen, der merkt,

in welcher kranken Welt er lebt.

Wenn ich das Böse wäre…

dann hieß' das Böse gut,

Sklaverei wär' Freiheit,

und Feigheit hieße Mut.

Und würde doch einmal ein *Mensch*…

aus seinem Schlaf erwachen,

dann würd' ich dafür sorgen,

dass alle ihn *bekämpfen* und verlachen.

Er wär' ein *Delinquent,*
ein Spinner und ein Ignorant.
Ihr würdet ihn verfolgen,
denn der *wahre Dämon* …
blieb' für euch unerkannt.

Ihr würdet schließlich *töten…*
für die Parole, die ich brülle,
wo Menschlichkeit zuhause war,
blieb' nichts… als eine leere *Hülle.*

Wenn ich das Böse wäre…
dann gäb' es nur den einen *Weg,*
auf dem doch alle wandeln,
und das Wunder der *Natur,*
das würdet *ihr* höchstselbst verschandeln.

Ihr Menschen würdet *wimmern,*
in eurem Sumpf und im Verderben.
Ihr würdet euer Leben *hassen* –
doch ließ' ich euch .. nicht sterben.

Und wenn die *Massen*...
verzweifelt nach dem Retter rufen,
Dann wüsste *ich* den Ausweg
aus all dem Chaos, das ich...
und meinesgleichen schufen.

Ich würde predigen...
von Liebe... und von Respekt und Empathie,
doch die *schöne neue Welt*, die ich versprach,
säht ihr am Ende nie.

Wenn ich das Böse wäre...
dann hätte ich trotz alledem
nicht den geringsten Grund, ein Pessimist zu sein.

Denn meinen Plan und mein System
schafft ihr...
im Jetzt und Hier...
von ganz allein.

Schule im Wandel der Zeit oder:

Gedanken zur Bildungskatastrophe   2017/2006

<u>1950</u>

Er war ein *guter* Lehrer,
nur dass ihr es wisst!
Er war stolz auf sich, sein Land,
die Flagge hat er überall gehisst.
Ezählte seinen Schülern gern
vom letzten Krieg und vielen großen Taten,
er war ein Freund des Militärs
und einer von den Frontsoldaten.

Die Schüler hörten zu
und war'n ihm hündisch untergeben,
niemand muckte auf, denn *schulisch...*
würd' man das nicht überleben.
Er war sehr streng und laut und galt
als harter Hund, vom alten Schlag!
Er fühlte sich als *Herrscher...*
und genoss es Tag für Tag.

Die frechen Schüler... hat er *so*...

allmorgendlich verdroschen,

doch eines Tages ist dann auch

sein Lebenslicht erloschen!

Auf seinen *Grabstein*

schrieb man... *ganz* ohne Verzagen:

Ein krankes Herz und *zwei* gesunde Hände...

haben aufgehört zu schlagen.

<u>2000</u>

Er war zwar Lehrer,

doch beherrschte kaum das Alphabet!

Nicht seine Schüler, sondern *er*

kam jeden Tag zu spät!

Er war ein Rasta-Mann

von durchweg progressivem Geist,

und ich will euch *gern* erzählen,

was das in der Praxis heißt:

Gelangweilt… lümmelt' er herum –
vorn an der schwarzen Tafel,
vertiefte sich in leere Phrasen…
und sinnloses Geschwafel.
Und niemand hört' ihm zu,
die Schüler rissen Witze,
sie hatten meistens Stoff dabei
und setzten sich 'ne Spritze.

Die Klasse droht' ihm jeden Tag
mit Prügel und Gewalt,
bald war der Lehrer ausgebrannt,
verlor dadurch den Halt.
Zur Flasche griff er immer mehr,
dem Alkohol verfallen…
Heute ist er obdachlos
und schläft in Bahnhofshallen.

2050

„Wo ist der *Lehrer*?! –

Weiß denn hier jemand, was das *ist*?" –

„Nee, noch nie gehört, aber sicher *nichts*,

was man vermisst!" –

„Dann lasst mich mal erzählen,

wie das damals war…

Man ging noch raus, man hatte *Freunde*,

und wir zahlten noch in bar.

Doch eines Tages ist es dann passiert:

Man hat das ganze Leben

und auch die *Bildung* digitalisiert.

Verschwunden war'n auf einmal *Schule*, Tafel, Pult!

Zuhaus' vor'm *Bildschirm* büffeln… wurde Kult!

Das Wissen zog man sich hinein aus einer Cloud!

Kein Lehrer war mehr da…

der auf die Finger schaut!

Und einen *Chip* hat man

euch ins Gehirn gepflanzt!

So dass ihr nicht mehr nach der Pfeife eines *Lehrers*,

dafür der Technik tanzt!

Und keine Hand mehr,

die vor euch fuchtelt oder schlägt,

doch alle restlos *überwacht*,

dass man es kaum erträgt!

Ihr wisst, wenn ihr nicht *spurt*,

dann ist sogleich das Konto leer

Und auch an euren Kühlschrank, euer Auto

kommt ihr so schnell nicht mehr!

Perfekt verkabelt und vernetzt seid ihr,

was euch sogar *gefällt*!

Wie wünscht' ich mir, da wär' ein *Lehrer*…

in dieser ach so schönen neuen Welt!"

Bist du glücklich? 2010

Bist du glücklich…
weil du Kind und *Haus* hast?
Bist du glücklich… weil du Ruhm und *Applaus* hast?

Bist du glücklich…
mit deiner Per*for*mance? Deiner *Schau*?
Mit deinem Know-*How*? Deinem Körperbau?

Mit deinem verborgenen Ta*lent*? Glücklich?
Ungehemmt? Oder wenigstens latent?
Bist du glücklich…
wenn die ganze Welt dich *sieht*, doch nicht er*kennt*?

Bist du glücklich… mit deinem Baggy-Style?
Bist du glücklich… in deinem Oberteil?
In deinem Top?
Glücklich? In deinem ach so *tollen* Job?
Oder ist es *mehr* als das, eher ein Be*ruf*?
Bist du glücklich… in deiner Haut,
wie *Gott* oder dein *plastischer* Chirurg dich *schuf*?

Bist du glücklich... wenn sich dein *Bar*geld häuft...

und auf *vollen* Touren ... im Kopf dein *Kino* läuft?

in allen Spuren.... *Fil*me zeigt, die du *real* nie lebst?

Weil du in deiner Bude

und an deinen Mustern klebst?

Das *Glas* bei Frust gern hebst...

und das ist meist halbleer?

Bist du glücklich...

wenn du *in deinen Träumen* schwebst?

Ist glücklich sein *so* schwer?

Bist du glücklich...

bei deiner Suche nach dem *Kick*?

Mit neuem *Trick*, treuem *Chic* und scheuem *Blick*...

kriegst du zwar deine *Kicks*!

Doch was am Ende *wirk*lich bleibt, ist... *nix*?!

Bist du glücklich...

wenn dein Kollege nur so *tut*, als ob er dich versteht,

indem er dich be*grüßt*

und Anteil nimmt und fragt: Was *geht*?

Bist du glücklich…

weil *du* jetzt *ach* so frei bist?

weil du doch *jederzeit* und *überall*

ganz vorn dabei bist?

Und weil du *niemals* einen Trend verpennst?

Wenn *jeder* mitläuft,

du die Trends am besten kennst und rennst?

Und bist du *wirklich* glücklich…

wenn dich jemand liked?

Sag', wann hat dir *das*… jemand

von Angesicht zu Angesicht gezeigt?

Bist du jetzt *glücklich*…

nicht mehr allein zu sein?

Mit stolzem *Sta*tus, Hund und Heim

und eitel Sonnenschein?

Bist du so richtig glücklich… mit deinem *Sein*?

Und auch mit dir *allein*? Mit all deinen Fa*cetten*?

In deinen Ketten, die dich *binden*?

Glücklich? Vielleicht nur virtuell…

dein eig'nes Glück erfinden?

Und *wenn* du glücklich scheinst,

dann geht's oft viel zu *schnell*?

Bis du am Ende *weinst* –

und hörst nur *CU*, LG oder HDL? Was bleibt?

Bist du glücklich… in deiner *Lebens*wirklichkeit?

Wann *hast* du denn… zum Leben wirklich Zeit?

Und ist's zu deinem Glück…

denn eben wirklich weit?

Bist du zum *Glücklich*sein

und danach Streben denn überhaupt bereit?

Bist du glücklich… mit deiner Maskerade?

Glücklich… auch hinter der Fassade?

Sag… Was ver*birgst* du…

hinter deinen glitzernden Kulissen?

Hinter deinem *Lächeln*, das dich quält?

Ist es vielleicht die *Sehn*sucht nach dem Glück,

das dir so lang schon *fehlt*?

Bist du glücklich…

wenn ein Mensch dir Komplimente *gibt*?

Lässt *du* es denn auch *zu*, dass er dich liebt?

Wenn du dich *selbst* nicht akzeptierst?

Und deine wunderschöne Seele

nur als *Profil* in Facebook komprimierst?

Sag mir, bist du glücklich… wenn du lachst?

Wenn du *Feuer und Magie*… in *anderen* entfachst?

Glücklich… wenn du *sie glücklich* machst?

Mit einer Geste, einem Kuss und einem *Wort*?

Hey, wie *oft* fliegt dir das Glück

vor deinen Augen *fort*?

Und *wie* oft sagst du dann, dass „alles gut" ist?

Obwohl in dir ein Mix

aus Sehnsucht, Frust und Wut ist?

Komm, lass das Glück doch einfach einmal zu!

Du weißt, der Schlüssel für dein Glück… bist du…

Bist du glücklich?

Wer hat dich *das* denn mal gefragt?

Und was denkst *du*… was hättest *du* darauf gesagt?

Ich bin bescheiden

1

So steh ich nun… vor allen hier:
Ein Mann, vier Worte – Man of the Year!
Gar selten erscheint dieses Exemplar,
doch ist es so süß und so wunderbar.
Ich hebe mich ab von der endlosen Masse,
auch weil ich nicht jeden heran an mich lasse!
Bin originell, zuweilen speziell,
ich spiele gern Scrabble und Quizduell!
Ich weiß, was ich kann – und ich weiß, wer ich bin!
Ich bin für dein Leben ein echter Gewinn!

Doch du musst mich nicht beneiden…
Ach, ich bin ja soooo bescheiden ;-)

2

Ich bin ein Meister diverser Facetten,

meine Lieder füllen CDs und Kassetten!

Ja, ich spiele Klavier, und ich schreib' Poesie,

mal ernsthaft, mal lustig – nur langweilig nie!

Ich stehe auf Bühnen… und ich stehe auf Frauen!

Ich stehe auf Augen, die tief in mich schauen!

Ein gutes Gespräch erwärmt meine Seele,

und Cola Zero… durchfließt meine Kehle!

Mein Geist ist stets willig,

mein Fleisch ist stets wach,

und ich wohne im siebten OG unterm Dach!

Doch du musst mich nicht beneiden…

Ach, ich bin ja soooo bescheiden ;-)

3

Ich bin so belesen, gebildet und schlau,

ich besteche durch Hirn und durch Körperbau!

Man schätzt mich als Träger von Wissen und Geist,

mal lese ich Bohlen, mal Heinrich von Kleist!

Den scharfen Verstand trainiere ich täglich,

was rauskommt, ist manches Mal unerträglich…

Ich forder' dich raus, und ich strenge dich an!

Doch bin ich für *dich* bald der einzige Mann!

Weil *ich* dich begehre, weil *ich* dich begleite,

werd' *ich* der Gefährte …. an deiner Seite.

Doch du musst mich nicht beneiden…

Ach, ich bin ja soooo bescheiden ;-)

4

Ich liebe das Leben, bin ständig aktiv,

ich kommuniziere per WhatsApp und Brief.

Auch ist mein Bolide ein Prachtexemplar,

fährt vierzigtausend Kilometer im Jahr!

Kompakt und in gelb – ich mag diese Farbe!

so dass ich selbst knalligste Jeanshosen trage!

Ich hab' halt Ideen, ich hab' einen Knall –

denn stinknormal… gibt's doch überall!

Wenn andere schlafen, da schreib' ich Gedichte!

Man of the Year – ein Mann schreibt Geschichte!

Doch du musst mich nicht beneiden…

Ach, ich bin ja sooo bescheiden…

5

Ich bau' meine Möbel nach eigenen Plänen,

ich bin dauernd müde, dann hörst du mich gähnen!

Und hab' ich mal Hunger,

muss *Fleisch* in die Pfanne!

ich sitze gern stundenlang nachts in der Wanne!

Beruflich erfolgreich – auch sonst eine Leuchte,

ja, *ich* bin die Lösung, die jedermann bräuchte!

Ich bin genau *das*, was anderen fehlt!

Ich werde zum Heiraten ausgewählt!

Denn… ich bin ein *Star* und ein Stern und das Licht!

Ich geb' es gern zu: Ja, ich bin nicht ganz dicht!!!

Doch du musst mich nicht beneiden…

Ach, ich bin ja sooo bescheiden…

6

Ich bin männlich und stark, ja, *da* wirst du bleich!

Doch mein Herz ist so sanft

und so rein und so weich.

Ich bin so romantisch, betrachte den Mond,

ich bin stets zuhause, wo Sinnlichkeit wohnt.

Ich nehm' deinen Arm, und ich halt' deine Hand,

ich raub' dir dein Herz… ja, jetzt bist du gespannt!

Du darfst mich gern knuddeln

und zärtlich liebkosen,

bin offen für deine Geschenke und Rosen.

Und war dieser Vortrag auch hinreichend schrill:

Erst wenn du mich küsst…

dann werde ich still.

Entschuldigung

Entschuldigung.

Entschuldigung, dass ich lebe.

Entschuldigung, dass ich dem Bedürftigen

heute keinen Euro gebe.

Entschuldigung, dass meine Vorlieben

nicht normal sind.

Entschuldigung, dass mir

Tradition und Konvention egal sind.

Entschuldigung, dass ich,

wenn ich wütend bin, manchmal brülle.

Entschuldigung, dass ich

mit meiner Anwesenheit diesen Raum ausfülle.

Entschuldigung, dass ich manche Leute

nicht ertrage.

Entschuldigung, dass ich sowas sage,

auch ohne vorangehende Frage.

Entschuldigung, wenn ich Halteverbote ignoriere.

Entschuldigung, wenn ich braune Massen

nur im Lokus toleriere.

Entschuldigung, wenn ich das Niveau verwässere.

Entschuldigung, dass auch *ich*

den Planeten nicht verbessere.

Entschuldigung für die gedrückte Atmosphäre.

Entschuldigung für die geglückte Karriere.

Entschuldigung, dass ich polarisiere.

Entschuldigung, dass ich Texte produziere.

Entschuldigung für das fehlende Versmaß.

Entschuldigung, dass ich das Versmaß vergaß.

Entschuldigung für meinen Stil.

Entschuldigung auch für mein Profil.

Entschuldigung für die blühende Phantasie.

Entschuldigung für Wiederholung und Monotonie.

Entschuldigung für fehlende Performance

und zu wenig Schwung.

Entschuldigung für zu wenig „sorry"

und zu viel „Entschuldigung".

Entschuldigung für mein Bewerbungsschreiben.

Entschuldigung für mein Leiden.

Entschuldigung für mein Nichtstun!

Entschuldigung …… und nun?

Entschuldigung für meine Ecken und Kanten.

Entschuldigung auch

für meine Freunde und Verwandten.

Entschuldigung, dass ich das Leben mag.

Entschuldigung, dass ich daneben lag.

Entschuldigung für die fehlende Peepshow.

Entschuldigung für die quälende Freakshow.

Entschuldigung, dass ich hier so lange stand.

Entschuldigung, dass ich nicht

schon viel eher verschwand.

Entschuldigung für die geraubten

drei Minuten Lebenszeit.

Entschuldigung für meine Wenigkeit.

Entschuldigung, dass ich nicht alles

vorher *ab*spreche.

Entschuldigung, dass ich manchmal

ganz abrupt ab…

Prosa-Texte

NichtGanzDichter ist keineswegs nur Dichter. Ein beträchtlicher Anteil seines in Ausmaß, Qualität und Skurrilität unübertroffenen Schaffens (Ironie off) bewegt sich jenseits des Reimes.

Eine Sammlung von Kurzgeschichten ist im März 2017 unter dem Titel „Geschichten eines nicht ganz Dichten" erschienen. Die verrücktesten Begegnungen im Leben des Autors laden zum Schmunzeln und Staunen ein (zum Nachahmen nicht in jedem Fall)!

Weiter gibt es Essays und Abhandlungen, etwa über die politische Großwetterlage, den allgegenwärtigen Drang nach Perfektion, die Gefahren durch Zigarettenkonsum, die erotischste Großstadt Deutschlands oder die Wiederkehr der Aliens! Man sieht schon: Gesellschaftlich relevante Themen stehen hoch im Kurs!

Last but not least widmet sich der große Meister so unterschiedlichen Ausdrucksformen wie: (fiktive) Werbetexte inklusive Parteiwerbung, fiktive (Zeitungs-)Berichte, Rätsel und Quiz, Fragebögen zu allen möglichen und unmöglichen Anlässen sowie Abituraufgaben, wie sie im Jahre 2030 (hoffentlich nicht!) gestellt werden!

Anders ausgedrückt: Vor der Schreibwut des nicht ganz Dichten kann sich kaum ein Genre dauerhaft verstecken!

Das ist nicht lustig 2017/2009

Behindert ist man nicht. Behindert wird man.
Heißt es. Das ist ja voll behindert. Du Spasti.
Heißt es auch.

Leider müssen wir Ihnen mitteilen, dass wir Ihre
Bewerbung nicht berücksichtigen können. Oft sind
es nur Details, die für die Besetzung der Stelle
ausschlaggebend sind. Behinderung – ein Detail.
Leider können und möchten wir keine weitere
Erklärung geben. Heißt es auf Nachfrage.
Schweigen als Lösung.

Das ist nicht lustig.

Wir hinken im internationalen Vergleich hinterher.
Wir brauchen mehr Akademiker. Heißt es. Gilt aber
leider nur für bestimmte Studiengänge und nur in
bestimmten Zyklen. Erfahren wir hinterher.
Gescheit – gescheiter – gescheitert.

Wir müssen lebenslang lernen. Fördern und fordern.
Heißt es. Sie sind überqualifiziert. Heißt es danach.
Was sagt eigentlich der Jurist ohne Arbeit zum
Juristen mit Arbeit? „Einen Big Mäc mit Pommes,
bitte!" McDonalds als Ausweg. Willkommen im
Hamsterrad!

Das ist nicht lustig.

Kinder sind unsere Zukunft. Heißt es.
Und… Deutschland vergreist. Die Olle *wirft*
ja schon wieder. Typisch Assi. Heißt es auch.

„Respekt" gegenüber anderen – fordern wir ein.
„Tussi", „Bitch", „Atzen" nennen wir uns selbst.

Homosexualität ist heute kein Problem mehr.
Voll schwul, ey!

BDSM ist in Zeiten von „Shades of Grey" ganz
normal. Das ist ja pervers! Abartiger Spinner!

Es kommt auf die inneren Werte an.
Du bist nicht mein Typ.

Ewige Liebe – suchen wir mindestens.
Den schnellen Kick – bekommen wir höchstens.

Sex in the City. Heißt es.
Tote Hose in deutschen Betten. Heißt es auch.

Und auch das ist nicht lustig.

Frauen bevorzugen intelligente, humorvolle,
sensible Männer. Heißt es.

Doch was passiert, wenn dieser intelligente,
humorvolle, sensible Mann mit 'nem echten Macker
kollidiert? Wer macht wohl das Rennen?

Männer bevorzugen starke, selbstbewusste,
moderne Frauen. Heißt es. Doch was passiert, wenn
diese starke, selbstbewusste, moderne Frau ihm
ehrlich die Meinung sagt?

Das ist nicht lustig.

Wir müssen mal reden. Heißt es.
Du hörst nicht zu. Heißt es dann.

Bitte versteh mich nicht falsch, aber…
Ich finde dich ja ganz nett, aber…
Ich mein' es ja nicht persönlich, aber…

Das ist nicht lustig.

Single-Party steht drauf.
Alleine nach Hause gehen, ist drin.

Freundschaft steht drauf.
Kontakt ist drin – im Smartphone.

Poetry steht drauf.
Comedy ist drin.

Auch das ist manchmal nicht lustig.

Cool und entspannt… wollen wir sein.
Trotzdem sind wir ständig gestresst.

Religiös… wollen wir *nicht* sein.
Trotzdem waren wir Papst.
Essstörungen wollen wir nicht sehen.
Germany's next Topmodel schon.

Oft bleibt die Frage nach dem Warum.
Schuld sind die Gewaltspiele. Heißt es.
Er wurde gemobbt, heißt es auch.

Und das ist wirklich nicht lustig.

Wir müssen die Ursachen bekämpfen. Hören wir.
Wir haben kein Geld für Jugendarbeit. Hören wir.
Schuld ist die Gesellschaft. Schuld sind die Eltern.
Schuld sind die Sportschützen. *Das* ist die Lösung?!

Wie wäre es mit einem Hoffnungsträger?

Immerhin: Deutschland *sucht* ihn doch, den
Superstar, das Supertalent, die Besten der Besten.
Heißt es. Und Deutschland verblödet. Heißt es auch.

Wen wählst du eigentlich zum Bundespräsidenten?
Nein, Spaß beiseite.

Das ist nicht lustig.

Ach ja, ein Prekariat haben wir mittlerweile auch.
Das sind die mit dem Hartz IV.
Die mit dem Migrationshintergrund. Heißt es.

Selber schuld, heißt es dann.

Eure Armut kotzt mich an. Hör' auf zu jammern.
Uns geht es doch gut.

Und: "Du bist Deutschland", heißt es auch noch.
„Alles gut?", fragen wir. „Alles gut!", sagen wir.

Nein! Ich… mach' da nicht mit! Ich bin nicht…
Superstar, nicht Supertalent, nicht Top Model, nicht
Adonis, nicht The Voice und nicht The Brain, auch
nicht Bachelor… und schon gar nicht Deutschland!

Denn… ich habe… Ecken, Kanten, Macken,
Unzulänglichkeiten, Fehler, Abgründe, schlechte
Angewohnheiten, Schwächen und bin damit
meilenweit entfernt von jeglicher Perfektion.

Ich bleibe nur ich.

Und auch das ist nicht lustig. Zumindest nicht immer.

Ludwigshafen, ich komme!
... eine etwas andere Liebeserklärung   2016

Ihr wollt was wirklich Schmutziges hören? Was total Abartiges? So richtig, richtig dreckig? Okay, dann erzähle ich euch einfach mal von ... Ludwigshafen. LU ist neben Köln mein zweiter Wohnsitz, meine Stadt, mein Zuhause .... Doch genauso wie mein Herz ist auch mein Ludwigshafen leider, leider alles andere als eine saubere Sache: Es ist die pure Lust am Schmutz! Dirty Streets, Dirty People, Dirty Air! Ludwigshafen, du Drecksau! Was wir hier leider *weniger* haben, ist Dirty Talk. Klingt auf Pfälzisch einfach zu komisch: „Uff die Knie", „Hosche mool, willsch mir ääner bloose?" Doch was nur *wenige* wissen: Ludwigshafen *hat* seine Reize! Besser noch: Ludwigshafen ist die erotischste Stadt Deutschlands! Denn was man hier jeden Tag so geboten bekommt, da sag ich nur: wow!

- Zuallererst wäre da diese unglaubliche **Vielfalt an Vorlieben**. In Zeiten von „Shades of Grey" ist das ja nicht unwichtig. Beispiel Spanking: Wer darauf steht, sich mal so richtig sein süßes Popöchen vermöbeln zu lassen, der muss einfach nur geeignete Locations aufsuchen, zum Beispiel den Berliner Platz! Ein falsches Wort, und die Bestrafung erfolgt sofort. Da wird der Passant zum Flagellant! Nennt man hier übrigens... Dresche! Ludwigshafen, du heißes Pflaster, du Stadt der Laster!

- Dann kann man sich hier so **hervorragend über sinnliche Themen austauschen.** Die spontane Kontaktanbahnung geschieht dabei auf die für Ludwigshafen so typische, einfühlsame Weise: Ey isch fick disch, Alder!" oder – ehrliches Interesse auch an den engsten Angehörigen bekundend – „Isch fick deine Mudda". Und all das gibt es in den *verschiedensten* Sprachen! Ludwigshafen, du *mondäne Diva!*

- Nicht unerwähnt bleiben sollte diese **romantische Ader**, die die größte Stadt der Pfalz *durchaus* zu bieten hat. Allein diese Straßennamen... Wenn du mit deiner Liebsten Arm in Arm durch die Ammoniakstraße schlenderst und in die Hydrierungsstraße abbiegst und vielleicht noch einen kleinen Umweg über die Hochdruckstraße nimmst, da schlägt das Herz Purzelbäume – was aber auch daran liegt, dass hier regelmäßig geblasen wird! Direkt aus'm Schornstein! Ludwigshafen, mein permanenter Blowjob!

- Woran erkennt man eigentlich am schnellsten, *wie* versaut diese Stadt ist, mitsamt ihren 168.000 Bewohnern? Richtig, am Nummernschild. Der Renner ist natürlich LU-ST... Lust... hat man hier nämlich immer. Auch wenn es manchmal nur die Lust ist, schnell rüber nach Mannheim zu fahren. Und an jeder Ecke lauert ein... LU-DA... Ludwigshafen, du Luder! Ludwigshafen, du geile Sau!

- Und auch der *Masochist* kommt hier voll auf seine Kosten. Einmal durch die Fußgängerzone flaniert, und du *weißt*, was eine echte Qual ist!

- Was Ludwigshafen endgültig zur **Perle der Pfalz** macht, sind seine vielfältigen *optischen* Reize. Nein, nicht die Rheingalerie, nicht das Rathauscenter, sondern in erster Linie ist es dieses *Anmutige* der hier anzutreffenden *Menschen*... man denke da nur an unsere Katze, Daniela Katzenberger...

- Und damit wären wir auch schon beim hervorstechendsten Merkmal angekommen, das Ludwigshafen zur unumstrittenen Hauptstadt der Lust macht: Es ist die *geistige Brillanz*, die dem gemeinen Vorderpfälzer nun mal innewohnt! Was immer wieder dazu führt, dass das Kopfkino auf Hochtouren läuft! Und das klingt so:

Gibt's auch manchmal auf die Fresse, so ist Ludwigshafen die Blüte der sprachlichen Finesse... und meine Muse, LU... du Stadt, mit der ich täglich schmuse. Du Offenbarung des Geistes! Und du weißt es! Ludwigshafen, du ständige Versuchung, ich liebe dich und deinen dreckigen Atem, deine dreckigen Zoten, deine dreckigen Geschichten – und will für nichts und niemanden auf deinen Schmutz verzichten, auf all das Abartige, Verwegene und das Versaute – und selbst auf das total Verbaute.... Möge es noch in hundert Jahren aus deinen rostigen Rohren blasen, ich geh' in jede deiner Sessions und lasse mich von dir bespaßen! Bist du auch nichts ... für hochsensible Nasen... Ludwigshafen, du bringst mein Herz zum Rasen! Und noch viel intimere Bereiche! Und ob BDSM oder BASF, ist hier ... sowieso das gleiche!

Ludwigshafen, du machst mir endlos Lust! Lust auf mehr! Lust auf dich – und deinen ständigen Verkehr! Lass uns verrucht sein in Ruchheim, ich will dich knuddeln in deinen dunklen Ecken, komm, lass uns schmuddeln und lass mich schmecken! Ludwigshafen, Ort meiner Liebe! Ludwigshafen, Hort meiner Triebe! Bist du auch dreckig, dann dusch ich. Oh, du machst mich wuschig! Ludwigshafen, dich vernasch' ich! Stadt von Giulini und Raschig! Immer tiefer ... dring' ich ein!

Ich reite mich genüsslich rein! Ludwigshafen, du Stadt am Rhein! Mein Schatz, mein Gewinn! Oh ja, ich bin drin! Only you, only Lu! Du Luder, du Stück! Lu, du bist mein Glück! Mein Seelenheil! Ludwigshafen, du heißes Teil! Triffst *mich* wie Amors Pfeil. Du bist so ... pervers ... geil! Ludwigshafen – ich kommmmeeeeeeee....

Die Aliens sind gelandet 2017

Habt ihr's schon mitbekommen? Die Aliens sind gelandet! Glaubt ihr nicht? Doch, leider ist es wahr.

Am Anfang waren es gar nicht viele. Fast hätte man sie übersehen können. Als sich die ersten bei uns einnisteten, da haben wir den Ernst der Lage noch nicht erkannt. Wir hielten sie fälschlicherweise für schrille Vögel, seltsame Exemplare, Geschmacksverirrungen. Sie machten hier auf der Erde von sich reden als Musiker, Schauspieler, Models, *It-Girls*. Sie schockten uns mit ihren hässlichen Fratzen, scheußlichen Klamotten und unterirdischer Sangeskunst, manche von ihnen jagten uns regelrecht Angst ein, wenn sie die Bühne betraten. *Suspekt* kam es uns schon vor, aber wirklich was dabei gedacht haben wir uns nicht. Was wir zu dem Zeitpunkt noch nicht wussten: Es war die *Vorhut*.

Was nachkam, war viel *dramatischer*. Denn mittlerweile sind sie *überall*. In alle Bereiche unseres Lebens sind sie vorgedrungen.

Die Aliens sind gelandet.

Besonders folgenschwer: Inzwischen haben sie es an die Schalthebel der weltlichen Macht geschafft. Egal wohin man schaut, Wirtschaft, Politik, Militär, es wimmelt geradezu von Aliens! Mit irdischen Maßstäben einfach nicht mehr zu messen, was gerade vor sich geht. Jetzt ist es amtlich. Sie sind unter uns.

Wenn wir über diese Aliens sprechen, die sich bei uns breitmachen wie Massentouristen auf einer unberührten Insel, da fällt im Moment einer ganz besonders auf: Das ist so eine Kreatur, die kennt ihr vielleicht auch, die schreit die ganze Zeit rum, trägt eine komische Föhn-Frisur und faselt unentwegt davon, sein Land wieder groß zu machen. Er sagt Dinge, die wir auf der Erde bisher für vollkommen unsinnig gehalten haben, wir wundern uns auch, dass er sich ständig selbst widerspricht, und warum er unaufhörlich betont, er sei der Größte, der Beste, seine Familie hätte das meiste Geld und angeblich auch noch die besten Gene! Eine seltsame Lebensform, sowas hat die Welt noch nicht gesehen. Und das Komische: Wir haben diesen Alien sogar selbst *gewählt*!

Jetzt droht er damit, dass er seine Feinde ausradieren will. Leute, der ist ohne Zweifel in feindlicher Mission unterwegs! Wie viele Science-Fiction-Filme haben uns vor genau so etwas gewarnt?! Nun scheint das Szenario leider wahr zu werden. Und dass der immer wieder, ohne mit der Wimper zu zucken, darauf beharrt, dass er das Klima *nicht* schützen will... *Wir* verstehen es nicht, aber eigentlich ist es doch kein Wunder... er will bei uns einfach nur *die* Atmosphäre schaffen, die er von seinem Heimatplaneten kennt!

Er guckt auch immer so komisch, wir auf der Erde bezeichnen das gemeinhin als debil, aber auf seinem Heimatstern ist auch das anscheinend vollkommen normal. Ja, dieser Alien macht ständig Ärger. *Seit neuestem* zofft er sich mit einem seiner engsten Gefährten. Der ist damals mit ihm aus dem Mutterschiff gestiegen. Und der ist fast noch wunderlicher. Der ist relativ klein geraten, dicklich und zündet jeden Tag eine neue Rakete! Damit will er dem anderen Alien imponieren! Er hat sich in Asien niedergelassen, während der erste Nordamerika heimgesucht hat.

Seitdem bedrohen die sich die ganze Zeit gegenseitig, *und das in einer Sprache,* die definitiv vom anderen Stern ist. Wir auf der Erde haben das bisher immer als „primitiv" angesehen und kannten das allenfalls von Kleinkindern. Inzwischen haben die beiden Aliens unsere Welt an den Rand eines Atomkriegs gebracht, aber für diese Spezies *kein Problem!* Auch *das* haben die in ihrer Heimat schon ausprobiert, hört man. Jetzt spielen sie hier weiter. Überhaupt scheint unsere Erde für diese Aliens ein riesengroßer Vergnügungspark zu sein. *Die* haben Spaß! Und *wir* kommen nicht an sie ran! Egal, wie viele auch dagegen demonstrieren, die Aliens machen einfach weiter. Unbeirrt! Immer extremer! Und es werden *immer mehr!*

Houston, *wir haben ein Problem!* Die Aliens sind *gelandet!*

Zuletzt auch bei uns in Europa. Da ist so ein besonders abgedrehter Alien unterwegs. Auch der brüllt die ganze Zeit rum, auch er will sein Reich vergrößern, seine Widersacher töten.

Und überall, wo der auftaucht, werden Fahnen geschwenkt. Dieses Phänomen ist übrigens bei *vielen* Aliens zu beobachten. Wie ein Roboter wiederholt er, dass er einen *Putsch* niedergeschlagen hat, und dass er jetzt seinen Gegnern die *Köpfe* abschneidet und die *Zungen* rausreißt. Irgendwie schrecklich, denn wir auf der Erde haben das doch seit 500 Jahren hinter uns gelassen. Er meint das übrigens alles *ernst*, denn mit *Satire* kann der nicht viel anfangen – so wie alle Aliens, die gerade dabei sind, ihr Mittelalter bei uns zu installieren. Dabei dachten wir immer, sie wären uns Lichtjahre voraus!

Stattdessen verbreiten sie hier Angst und Schrecken, bis in den hintersten Winkel unseres einstmals so schönen Planeten. Selbst auf den Philippinen haben sie jetzt so einen Alien. Der redet davon, dass er auf Menschenrechte pfeift und dass er seine Beamten *aus Helikoptern abwerfen will*.

Leute, die Aliens sind gelandet. Und die sind echt krass drauf. Sie machen unsere Zivilisation, für die wir über Generationen gekämpft haben, im Handumdrehen zunichte.

Und was die Sache nicht einfacher macht: Mittlerweile rotten sich die Aliens verstärkt in Gruppen zusammen – und machen Stimmung gegen jeden, der anders aussieht als sie selbst! Da verstehen die Aliens nämlich gar keinen Spaß! Sogar eigene *Parteien* haben sie inzwischen gegründet! Und während *wir* noch mit unseren beschränkten irdischen Mitteln versuchen, dagegen anzukommen, gehen überall auf der Welt *ihre* Sprengsätze hoch.

Die Aliens sind gelandet.

Viele glauben ja, dass wir vor Tausenden von Jahren schon einmal Besuch hatten. Aber trotzdem, *so* haben wir sie uns irgendwie nicht vorgestellt – auch wenn sie uns auf den ersten Blick ähneln. Beim Fußballspieler, der 200 Millionen Wert sein wollte, haben wir noch geschmunzelt, bei der Frau mit der Raute haben wir verdutzt geguckt... aber spätestens heute haben sie sich *alle* als das offenbart, was sie in Wahrheit sind: *fernab von dieser Welt*.

Die Aliens sind gelandet. Leider ist es wahr. Und ihre *besten* Leute haben sie uns wirklich nicht geschickt, stattdessen jede Menge... *Weltraummüll!* So können wir nur *inständig* hoffen, dass es ihnen bei uns schon *bald*... zu *ungemütlich* wird – bevor sie ihre gruselige Show tatsächlich noch zum Abschluss bringen!

Auf dass die Aliens, *so* wie sie gekommen sind, zu ihrem Landeplatz zurückkehren – und schleunigst wieder abheben!

Denn ansonsten... müssen bald *wir* uns einen anderen Planeten suchen!

Der Konsum von Zigaretten ist sehr gefährlich –
hört euch nur die folgende Geschichte an… Mit
konsequent gerolltem „R" macht es doppelt Spaß!

„Roger und Rita waren Farmer auf einer Ranch. Sie
arbeiteten hart und waren reich. Richtig romantisch
ritten sie eine Runde auf dem Rücken ihrer robusten
Rinder. Roger liebte nicht nur die Frauen, sondern
auch die Zigaretten. So sah man ihn ständig eine
rauchen. Oft gemeinsam mit rüstigen Rentnern aus
der Region. Zu seiner Ranch kam er nicht immer
rechtzeitig zurück, denn die Triebe machten ihn
treulos. So traf er sich regelmäßig mit Rosy. Das war
die mit der roten Perücke und den großen
braungebrannten Brüsten. Sie trug rosa Rüschen
und zeigte Roger ihre Reize. Ihm war jeder Preis
Recht, da rollte der Rubel.

An einem regnerischen Freitag startete das Drama.
Roger war restlos betrunken. Der Grund: Roger
wurde reingelegt. Gerade war er eine rauchen, da
wurde in seine Brause Rum reingespritzt. Und er
trank drei Gläser. Das führte zu reihenweisen
Reibereien. Roger begann rumzuraufen. Er wollte
mit seinem Rivalen im Revier abrechnen. So hat er
ihm eins drüber gebraten. Mit einer Tracht Prügel!
Er drohte ihm das Rückgrat zu brechen. Der Sheriff
musste einschreiten und den rabiaten Rabauken zu

Boden reißen. Der ruderte zurück. Man wollte den rebellischen Rancher zurechtweisen und in Arrest stecken. Wie einen Verbrecher. Resolut und rigoros. Da war Roger ratlos. Ihm ging es dreckig. Er musste erst noch eine rauchen. Und sich so richtig räuspern. Doch sie schmissen ihn raus. Rücklings. Mit einem kräftigen Tritt in den Arsch. Und in die Fresse!

Der renitente Randalierer rannte rasant nach draußen. Mit voller Kraft und riesengroßen Schritten. Ohne Reue. Doch da kreuzte ein Rudel abgerichteter, riesiger Retriever Rogers Wegstrecke. Es waren Rüden. Reinrassig. Roger reagierte. Er rannte extrem. Ohne Rast und ohne Rücksicht. Die Story endet radikal: Ein Zug raste heran. Ohne zu bremsen. Es hat gekracht. Roger wurde regelrecht vom Regionalexpress überrollt. Es gab keine Rettung. Er wurde zerrissen. Man fand den zerrupften Rumpf im Rapsfeld. Am Rand. Bei den Zigaretten.

Über seinen Resten kreisten die Raubvögel. Runde für Runde. Der Geruch geriet streng und erregte bei Rosy nur Brechreiz.

Die Trauer… hielt sich in Grenzen."

Wer den kleinen Justin suchte, wurde meist sehr schnell fündig. „Arschloch! Arschloch!" Schon von weitem hörte man die direkte Ansprache des Justin Dünsch. „Arschloch! Arschloch!" Arschloch, das konnte alles sein: Vater, Mutter, Bruder oder auch mal seine vollgeschissene Windel. Die ganze Welt, ein einziger Arsch.

Was andere erst allmählich nach ihrer Einschulung lernen und verinnerlichen, beherrschte Justin schon als kleiner Hosenscheißer: die Dinge auf den Punkt bringen und in die richtigen Worte fassen, die da wären: „Arschloch, Arschloch" oder – je nach Situation, wenn er die Form wahren wollte: „Sie Arschloch". Für Justins Eltern brachen also beschissene Zeiten an, sie gehörten nicht zu denjenigen, die ihrem Stammhalter jedes unanständige Wort *erklären*, in der Hoffnung, ihm die Scheiße auszutreiben. Im Gegenteil, auf die Arschloch-Arschloch-Rufe reagierten Justins Eltern meist mit einem entnervten: „Mann, lass' den Scheiß!"

Justin entwickelte sich so ganz ungehindert zum Spezialisten in Sachen Arsch. Einer großartigen Zukunft als Arschloch schien nichts mehr im Wege zu stehen. Warum Justin dann doch nicht in die Annalen der Geschichte einging und es dann doch eher scheiße für ihn lief, hatte vielschichtige Gründe, die im Folgenden analysiert werden sollen.

In der Schule bekam Justin seinen Arsch nicht hoch, dafür fiel er durch eine gesunde Portion Selbstbewusstsein auf. Wenn die anderen Schüler brav anstimmten „Guten Morgen, Herr Lehrer", kam von Justin ein unnachahmliches: „Arschloch! Arschloch!". Dies brachte ihm den einen oder anderen Klassenbucheintrag ein. „Justin Dünsch bezeichnet den Lehrkörper als Arschloch". Irgendwann tat ihm das leid, und aus tiefstem Herzen entfleuchte ihm furztrocken: „Ich wusste ja nicht, dass Sie *kein* Arschloch sind." Der Lehrer fühlte sich verarscht. Und die Situation war, um es mit Justin zu sagen, wirklich ziemlich scheiße. Justins Deutschlehrerin, Jennifer von Hinten, brachte die Lage einmal treffend auf den Punkt, indem sie vor ihrer Klasse resümierte: „Justin beherrscht das Spektrum vom Anus bis zum Rektum."

Justin war nicht sonderlich beliebt bei seinen Mitschülern. Die hatten Schiss. Und die permanenten Arschloch-Rufe nervten irgendwann … aber was soll man schon von jemandem erwarten, der Dünsch heißt?!

Ein weiteres Problem war die Tatsache, dass sich Justin mit der Zeit prächtig entwickelte, denn er war nicht dumm. Ganz im Gegenteil: Er war ein richtiger Klugscheißer. Irgendwann hat er sogar angefangen mit Po-esie. Unvergessen ist seine Schöpfung: „Ich flüster' dir was Barsches in das Loch deines Arsches", womit er einerseits die Dichterlesung in

Hinterzarten gewann, andererseits jedoch von der Hauptschule flog. Da war die Kacke am Dampfen, zumal es ihm nicht gelang, wenigstens im Internet einen Hauptschul-abschluss runterzuladen. Ganz schöner Shit, Justin drohte jetzt richtig abzukacken, ihm drohte ein Schicksal als Analphabet. Doch ganz so schlimm kam es dann doch nicht.

Justin war jung, und wenn er nicht gerade „Arschloch, Arschloch" rief, hielt er nach dem anderen Geschlecht Ausschau! Sein vielschichtiger Wortschatz führte ihn unausweichlich zu Mandy. Das war die mit dem Arschgeweih. Und auch ihr Job als Masseuse, nicht zu verwechseln mit Masseurin, war ziemlich für den Arsch. Wenn Justin und Mandy in Urlaub fuhren, dann ging es gen Italien, und sie waren am Po. Aber Mandy redete gern hintenrum und laberte eh nur Scheiße. Mit 18 Jahren hatte sich bei Justin der Berufswunsch verfestigt. Da konnte es nur einen geben: Das war der Arschitekt. Doch ohne Abitur hatte er die Arschkarte. Genauso wie beim Arschivar.

Eines Tages hat sich Justin Dünsch einen Fremdwörterduden gekauft. Während er wie gewohnt „Arschloch, Arschloch" rief, blieb er ganz zufällig beim Buchstaben „K" hängen. Koprolalie: „krankhafte Neigung zum Aussprechen unanständiger, obszöner Wörter, meist aus dem analen Bereich." Als Justin das las, war er ganz in seinem Exkrement, sorry, Element, und dachte sich: scheiß Lexikon! Die Kopro*phagie* fand er übrigens kacke. Was das ist, könnt ihr ja selbst mal nachschlagen. Ist Geschmackssache.

Wahrscheinlich.

Ihr fragt euch jetzt bestimmt, was Justin eigentlich heute macht. So viel sei verraten: Er hat es geschafft, aus Scheiße Gold zu machen. Er veranstaltet sogar seinen eigenen Poetry Slam: „Die vier Buchstaben". In Darmstadt. Da haut er richtig auf die Kacke. Das Problem: Es kommt nix dabei raus. Und im Publikum sitzen nur Arschlöcher. So eine Scheiße.

Das etwas andere Fortbildungsprogramm 2014

AUTSCH – Akademie für unternehmensspezifische Tests und Schulungen

proudly   presents: Das   Fortbildungsprogramm 2014!!!

Beseelt von der Vorstellung, dass jeder Ihrer Mitarbeiter jederzeit und an jedem Ort Höchstleistung abzurufen hat, getrieben von den unrealistischen und unverschämten Erwartungen der leidenden Führungskräfte, benebelt von der Wirkung psychoaktiver Substanzen, besoffen von 20 Gläsern Kölsch und begeistert von der Idee, dass Fortbildung für treue Untertanen alles andere als ein sinnloses Investment darstellen dürfte, präsentieren wir Ihnen: das Fortbildungs- und Fortpflanzungsprogramm 2014! Schauen Sie sich die neuesten Kurse unserer Akademie an, gehen Sie in sich, und seien Sie außer sich – vor Freude, vor Enthusiasmus und: vor allen anderen!! Denn: Wer zuerst kommt, zahlt zuerst! Die folgenden Tagesseminare kosten Sie schlappe 2.800 EUR pro Minute. Wäre doch gelacht, wenn Sie hier nicht auf der Stelle zugreifen!

KURS 1: Scheitern mit Stil – Schluss mit dem Erfolg!

In diesem bahnbrechenden Seminar lernen Sie, dass Scheitern mit weitaus mehr Charme verbunden ist, als Sie zunächst glauben mögen. So ein richtiger Versager zu sein, so richtig planlos, ideenlos und am Ende auf ganzer Linie gescheitert? Eine richtige Lusche? Das ist cool. Erfolg war gestern, Scheitern ist heute! Gescheit, gescheiter, gescheitert! Gehen Sie mit uns den entscheidenden, weil scheiternden Schritt in eine tiefergelegte Zukunft voller zweiter Plätze, verpasster Chancen und knallharter Nackenschläge. Machen Sie die Niederlage zu Ihrem Markenzeichen, machen Sie es wie Bayer Leverkusen, und seien Sie stolz darauf! Ihr Versagen ist unsere Stärke – wir machen Ihr Jammertal zu einer ganz großen Nummer! Und Sie selbst kommen bei uns ganz klein raus! Nichts wird an Sie erinnern. Melden Sie sich noch heute an. Sie Waschlappen!

KURS 2: Konflikte aushalten – wenn der Kollege Sie verdrischt

Das Leben ist nicht immer einfach. Vor allem ist es nicht immer leicht, Realitäten auszuhalten. Damit geht jeder anders um. Ihr Bürokollege ist so ein Beispiel. Wenn ihm eine Laus über die Leber gelaufen ist, ihm Ihre Nase nicht passt oder wenn ihm einfach danach ist, dann lässt er es schon mal krachen. Ein Schlag mit der flachen Hand in eine dämliche Hackfresse wirkt manchmal Wunder.

Er weiß das. Und Sie sind die Zielscheibe. Und das mit Recht! Und das wissen Sie. Doch wie gehen Sie damit um? In unserem Konfliktbewältigungs-seminar werden Sie eindringlich erfahren, dass es manchmal besser ist, einzustecken. Eine Schelle links, eine Schelle rechts, und der Tag ist gerettet – für Ihren Kollegen! Werden Sie Sparringspartner im täglichen Nahkampf! Lernen Sie, Konflikte auszuhalten! So hart sie auch sein mögen. Versuchen Sie, die Beweggründe Ihres Sie vermöbelnden Kollegen nachzuvollziehen. Nicht fragen, lieber einfach mal die Klappe halten! Das ist die Devise! Weichen Sie bei keiner Ohrfeige zurück, sondern machen Sie es wie Jesus. Halten Sie auch die rechte Wange hin, selbst wenn Ihre linke schon blutunterlaufen nach notärztlicher Versorgung schreit. Ihre Kollegen werden stolz auf Sie sein. Anpassungsfähigkeit ist eine wahre Tugend, die es wiederzubeleben gilt. Schlag auf Schlag. Dieses Seminar mit zahlreichen Rollenspielen buchen Sie auf der Stelle bei Herrn B. Kloppt. Sie Opfer!!!

KURS 3: Widersprüche leben – warum 2+2=5 ist

Sie kennen das. Sie wählen immerzu schwarz, wünschen sich aber eine dunkelrote Bundespolitik. Sie wollen eigentlich nicht arbeiten, tun es aber trotzdem. Sie glauben, Sie seien fachlich kompetent, in Wirklichkeit sind Sie allenfalls korpulent. Seit gefühlten 20 Jahren lieben Sie Ihre Frau nicht mehr, wagen dennoch nicht den Schritt, sich zu Ihrer nicht minder gefrusteten Büroaffäre zu bekennen und Ihr Langweilerleben aufzupeppen. Stattdessen flüchten Sie sich in Sarkasmus, Besserwisserei, Korinthenkackerei, sinnloses Gebrabbel und Alkoholkonsum. Kurzum: Widersprüche gehören bei Ihnen längst zu Ihrem bedauernswerten, verkorksten Dasein. Und das wollen wir auch überhaupt nicht ändern!!! Im Gegenteil! Warum also nicht noch weitere Ungereimtheiten hinzufügen in Ihr paranoides Weltbild? Dieses in seiner Wirkung unübertroffene Seminar soll Ihnen entscheidende Anregungen geben, um jedes Paradoxon mit Sinn zu erfüllen. Lassen Sie sich von uns mitnehmen auf Ihrem schizoiden Weg in den Abgrund! Lernen Sie, warum schlau gleich dumm ist, warum Spaß gleich Frust ist, warum 2+2=5 ist und warum die Banane rund ist. Lernen Sie, dass nichts im Leben Sinn ergibt, Ihr Job genauso wenig wie Ihre Existenz, Ihr Monatsgehalt oder dieses Seminar! Besuchen Sie es besser nicht. Oder doch? Nein! Ja! Nein! Ja! Nein! Vielleicht! Los geht's am 30.02.2014. Ganz sicher. Niemals!

Mit scheiterndem Gruß

Herr Rosa Schlüpfer

Leiter Fortbildungsmanagement

„Come2gether" - der Heiratsmarkt für Mitarbeiter! 2015

Gesucht – und hoffentlich gefunden! Was für Ihr verloren gegangenes Portemonnaie, Ihr Hundehalsband oder Ihr herrenloses Damenrad gilt, kann im Hinblick auf eine Partnerschaft so verkehrt nicht sein: Wer suchet, der findet! Und wo sonst könnte man den Partner seines Lebens besser kennen lernen als in unserem Amt?! Ein Date im Dienst?! Schließlich weiß hier jeder ganz genau, worauf er sich einlässt. Sie kennen die Macken und schlechten Gewohnheiten Ihrer Kolleginnen und Kollegen zur Genüge, Sie wissen, wann wieder rücksichtslos genörgelt, genölt, geschimpft und gestritten wird.

Doch Sie wissen auch, wo sich die gefühlvollen Seiten des Kollegen verbergen, in welchem Referat er sitzt und – am allerwichtigsten: die gehaltliche Eingruppierung!!

Um das Näherkommen und gegenseitige Kennenlernen zu erleichtern, ist das umfangreiche Intranet-Angebot in unserem Amt ab sofort um eine Rubrik reicher:

„Come2gether – der innovative Heiratsmarkt für MitarbeiterInnen".

Erst inserieren, dann liieren! Unter diesem Motto kommen Sie Ihrer Zukunft zu zweit schon bald einen gewaltigen Schritt näher! Trauen Sie sich!

Aktuelle Angebote (Stand: 22.10.2016 11:25):

<u>Er sucht Sie</u>

Er (42, Nichtraucher), notorisch gelangweilt, doch nicht unvermögend, sucht rüstige und reife Sachbearbeiterin mit Spezialkenntnissen in SAP R/3 FI, wahlweise objektorientierte Programmiersprachen, zum Aufbau einer langfristigen und intakten Beziehung. Alter und Aussehen zweitranging, der Dienstgrad entscheidet.

Was wäre das Leben ohne Zweisamkeit? Lieber zweisam als einsam – darum suche ich (männlich, 29, noch nicht auf Lebenszeit verbeamtet, A13) ein passendes Gegenstück. Verbeamtung kein Nachteil, aber auch keine Voraussetzung. Ich fuhr einst als Oberstleutnant zur See und strebe auch mit dir einen sicheren Hafen an. Bitte nur ernstgemeinte Zuschriften.

Waschechter Osnabrücker im besten Alter mit dem sprichwörtlichen Charme und dem westfälischen Humor, möchte nicht länger allein durch den tristen Büroalltag trotten. Darum suche ich die fetzige Büromaus, die mir den Alltag versüßt, die Bleistifte spitzt und den Kaffee kocht. Lass uns ein Haus bauen, einen Baum pflanzen und eine Menge Steuern sparen! Wichtig: Für mich kommt nur eine Dame mit romantischen Vorstellungen in Frage.

A8er sucht A14erIn zwecks emotionalem und finanziellem Aufstieg. Bitte nur Juristinnen. Laufbahnaufstieg ebenfalls angestrebt, Schwarzhaarige chancenlos.

Es gibt nichts Schöneres als nach getaner Arbeit kuschelnd über die Flure zu schlendern und den Workaholics bei der Arbeit zuzusehen. Wer teilt diese Einstellung? Suche Frau (50-60) mit Hirn und ausreichend Körperfülle, um den Dienstschluss in trauter Zweisamkeit ausklingen zu lassen. Spätere Heirat nicht ausgeschlossen. Bitte nur Beamtinnen.

Pferdeliebhaber (62) mit eigenem Gestüt möchte einen neuen Ausritt wagen. Willst du (w, bis 40 Jahre, schlank, sportlich) mich begleiten und das Glück dieser Erde gemeinsam erfahren? Dann melde dich unter dem Stichwort „hohes Ross" bei der Referatsleitung.

Sie sucht Ihn

Sie, 30, blond, blauäugig, werdende Mutter, sucht Vater in Ermangelung eines solchen. Sie sollten ehrlich, treu und zuverlässig sein, über ein gesichertes Einkommen verfügen (ab A16) und an einer ernsthaften Partnerschaft genauso interessiert sein wie ich. Räumliche Nähe vorteilhaft, bevorzugt Gebäude 15, 3. Etage.

Dorothee, 46, Volljuristin, mit Herz, Haus und Anhang spürt diese gewisse Sehnsucht jeden Abend. Das unbändige Verlangen nach einer starken Schulter zum Anlehnen, nach dem Philosophen für gute Gespräche, dem Prinzen auf dem Pferd und dem Herrn im Hause. Solltest Du Dich angesprochen fühlen, so sende mir Dein aussagekräftiges Bild. Ich verfüge über eine frauliche Figur, zwei Kater sowie einen 400 Quadratmeter großen Ziergarten im englischen Stil, siehe Foto. Vermögen aus Paritätsgründen erwünscht.

Leicht untersetzte Oberregierungsrätin sucht nicht unterbelichteten Oberamtsmann zur Gründung eines überaus familiären Unternehmens im Oberbergischen Umland.

Er sucht Ihn / Sie sucht Sie

Justin-Finn, 27, trainiert, talentiert, motorisiert (Harley Bj. 2009), sucht seinen Romeo für spannende Aktivitäten im Dienstzimmer. Bevorzuge preußische Uniformen, unbehaarte Oberkörper und nachweisliche Expertise in allen Fragen zur Steuerprüfung.

Gabriella, 34, liebt die Sonne, den Strand und das Meer und möchte die Sommerseiten des Beamtenlebens mit einer vorzüglichen Freundin auskosten. Du solltest humorvoll sein, nicht älter und nicht kleiner als ich (1,92 m). Bitte mit Bild.

Sonstiges

Diplom-Verwaltungsjurist FH, morgens Michael und abends Michelle, hat das Alleinsein satt und sucht liebevolle Partnerschaft mit Männlein, Weiblein oder solchen, die es nicht genau wissen. Mein Postfach freut sich auf Deine Zuschrift, Ganzkörperfoto vorteilhaft.

Dieter Arnulf Müller aus Gebäude 2 hat sie noch nicht gefunden: die Arbeit, die ihn erfüllt. Was her muss, ist der Job, der mich fordert und mir ein Lächeln in das niemals altern wollende Gesicht zaubert (bin 63, aber rüstig). Lebenslange Bindung an die Aufgabe durchaus vorgesehen, Angebote bitte unter Chiffre „Special Missions" an meinen Vorgesetzten.

Botenmeister (49, aus Oberdollendorf), sucht Referentin zwecks Zustecken von süßer Post auf dem Dienstweg. Meine vier Kinder, mein Wohnwagen und meine Boa Constrictor freuen sich auf weiblichen Zuwachs. Da ich im ländlichen Raum beheimatet bin und eine Landwirtschaft im Nebenerwerb betreibe, erwarte ich langjährige Erfahrung im Melken (nicht jedoch finanziell).

Liebe Vergewaltigerinnen und Vergewaltiger der deutschen Sprache!

In Anbetracht der verbalen Windböinnen und Windböen, die zurzeit wie ein Ruck heftigst durch unser Schland wehen, möchte ich Sie höflichst darum bitten, die Wörterinnen und Wörter unserer deutschen Sprache nicht länger zu verunstalten. Die ProfessoriX formerly known as Professorinnen und Professoren für Genderinnen und Gender aller Universitätinnen und Universitäten aller Nationinnen und Nationen sind hiermit aufgerufen, zu bewährten Ausdrucksweisinnen und –weisen zurückzukehren. Kampf den Räuberinnen und Räubern an unserem Wortschatz! Schluss mit der Inflation an Anglizisminnen und Anglizismen! Haltet die Diebinnen und Diebe unserer Identitätinnen und Identitäten! Stoppt die Verunglimpferinnen und Verunglimpfer, die Töterinnen und Töter sowie die Beleidigerinnen und Beleidiger unseres gesunden Menschenverstands! Dies gilt insbesondere für unsere verehrten Vegetarierinnen und Vegetarier, Veganerinnen und Veganer aller Alterinnen und Alter, für Dünnbrettbohrerinnen und Dünnbrettbohrer aller Geschlechterinnen und Geschlechter – und nicht zuletzt für unsere allerwertesten Klugscheißerinnen und Klugscheißer!!! Mit herrlich dämlichem Gruß:

Frau Reiner Mann (Oberamtsmännin a.D.)

Das muss man
offen aussprechen dürfen   2018/2009

Frau Bundeskanzlerin…

Was machen Sie, wenn Sie keine Mehrheit
bekommen?
Diese Frage stellt sich nicht.

Haben Sie schon mal an Rücktritt gedacht?
Diese Frage stellt sich nicht.

Darf ich Ihnen eine Frage stellen?
Diese Frage stellt sich nicht.

Ich habe Ihnen aber eine Frage gestellt.
Ich halte das Vorgehen für alternativlos.

Meine Damen und Herren…

Unsere Politiker sind ein Spiegelbild der
Gesellschaft.
Das muss man offen aussprechen dürfen.
In diesem unserem Lande.

Deutschland ist ein sicheres Land.
Das muss man offen aussprechen dürfen.
Deutschland ist ein schönes Land.
Das muss man offen aussprechen dürfen.

Deutschland ist ein Land,
in dem wir gut und gerne leben.
Das muss man offen aussprechen dürfen.
In Deutschland gibt es alte Bäume und grüne
Wiesen. In diesem unserem Lande. In Deutschland
gibt es alte Menschen und grüne Wähler.
Das muss man offen aussprechen dürfen. Basta.

Wir müssen stolz darauf sein dürfen, dass wir stolz
darauf sind, wieder stolz zu sein auf unser Land.
Das muss man offen aussprechen dürfen. Sonst ist
das nicht mehr mein Land.
Wir haben ein gesundes Verhältnis zu unserem
Deutschland
Das muss man offen aussprechen dürfen.
Das muss man offen aussprechen dürfen.

Wir sind nicht ausländerfeindlich.
Wir können es nicht oft genug sagen.

Meine Damen und Herren…

Unsere Kinder sind unsere Zukunft - und zwar…
nicht nur in Sonntagsreden!
Das muss man offen aussprechen dürfen.
Nicht nur in Sonntagsreden.
Wir können stolz auf das Erreichte sein.
Nicht nur in Sonntagsreden.
Wir können es nicht oft genug sagen.
Wir können es nicht oft genug sagen.
In diesem unserem Lande.

Nicht nur in Sonntagsreden.
Auch und gerade jetzt.

Meine Damen und Herren...

Man kann auch ohne Spaß Alkohol haben, äh...
ohne Alkohol Spaß haben.
Auch und gerade jetzt. Ich halte das Vorgehen für
alternativlos. Wohlsein!
Das muss man offen aussprechen dürfen.

Keine Macht für niemand.
Null Bock auf Nichts.
Nicht nur in Sonntagsreden. Wir schaffen das.
Ich bin überzeugter Single.
Nicht nur in Sonntagsreden. Auch und gerade jetzt.

Ich bin aus Überzeugung depressiv.
Das muss man offen aussprechen dürfen. Wir
schaffen das.

Alles, was man hat, ist irgendwann weg.
Auch die Verlustangst. Sie wird mir fehlen.
Nicht nur in Sonntagsreden.

Das Seminar hat mich wirklich weitergebracht.
Danke für das Feedback.

Die Teambuilding-Maßnahme empfand ich als
hilfreich. Danke für das Feedback.

Wie haben Sie sich gefühlt, als Sie das Tor zum 1:0 geschossen haben?

Äh... Ich hatte den Ball am Fuß und hab nicht genau gewusst, wohin mit dem Ding, und dann hab ich den einfach reingemacht.
Danke für das Feedback.

Sie sehen heute aber scheiße aus.
Danke für das Feedback.
Das finde ich konstruktiv.
Ich meine es ja nicht persönlich.

Du könntest mal was für deinen Atem tun.
Ich meine es ja nicht persönlich.

Du bist überhaupt nicht mein Typ.
Ich meine es ja nicht persönlich.

Meine Damen und Herren...

Wir müssen die Menschen dort abholen, wo sie stehen. Wir schaffen das.

Meine Damen und Herren...

Wir müssen die Mülltonnen dort abholen, wo sie stehen.

Auch und gerade jetzt. Basta.

Und wir müssen jetzt ein Stückweit vorankommen.
Wir müssen ein Stückweit antizipieren. Proaktiv.
Das muss man offen aussprechen dürfen.
Das muss man ein Stückweit offen pro-aktiv
aussprechen dürfen. Nicht nur in Sonntagsreden.

Werte Kollegen!

Joana ist ein Stückweit ein Miststück.
Auch und gerade jetzt. Nicht nur in Sonntagsreden.
Das muss man offen aussprechen dürfen.
In diesem unserem Lande. Sonst ist das nicht mehr
mein Land.

Man muss aufhören, wenn's am schönsten ist.
Wir müssen jetzt mal zum Schluss kommen.
Wir dürfen über alles reden, nur nicht über fünf
Minuten. Ich halte das für alternativlos.

Meine Damen und Herren…

Wir müssen jetzt mal zum Schluss kommen.
Doch der Drops ist noch nicht gelutscht.
Das Ding ist noch nicht durch.
Die Messe ist noch nicht gelesen.
Es ist noch nicht aller Tage Abend.
Das letzte Wort ist noch nicht gesprochen.

Sie sind gerade Vater geworden.
Wie fühlen Sie sich jetzt?
Sie sind gerade entlassen worden.

Wie fühlen Sie sich jetzt?
Sie sind gerade das erste Mitglied meiner neuen
WhatsApp-Gruppe "Ich spreche zu schnell?
Du denkst zu langsam" geworden.
Wie fühlen Sie sich jetzt?
Diese Frage stellt sich nicht. Basta.
Ich meine es ja nicht persönlich. Wir können es nicht
oft genug sagen! In diesem unserem Lande.

Wir müssen jetzt mal zum Schluss kommen.
Das muss man offen aussprechen dürfen. Nicht nur
in Sonntagsreden.
Auch und gerade jetzt. Proaktiv. Alternativlos. Wir
schaffen das.
Danke für das Feedback.

Ich verneige mich vor Ihnen. Deutschland verneigt
sich vor Ihnen.

Das letzte Wort ist noch nicht gesprochen.

Tschau.

Das Problem beim Sterben ist nicht der Tod an sich. Das Problem hast du erst hinterher: Das sind die da oben. Seitdem ich letztens gestorben bin, sagen sie: „Der ist nicht mehr unter uns." Doch, mal unter uns gesprochen, bin ich doch unter euch. Und von unten sieht die Sache naturgemäß ganz anders aus als von oben.

Am 23. März begann ich wie immer um 06:30 Uhr mit dem Frühsport, den ich todernst nahm. Joggen. Einmal rund um die Friedhofsmauer. Um 07:30 dann Besteigen der Friedhofsmauer-Nordwand mit Kletterausrüstung, Abseilen inklusive. Um 08:30 Weitsprung von der Friedhofsmauer auf die Grabplatte. Schon seit 22 Jahren zog ich dieses Programm allmorgendlich durch. Nur am Radrennen „Rund um das Krematorium" konnte ich aufgrund meines notorischen Heuschnupfens leider nicht mehr teilnehmen, ich hatte Probleme mit dem weißen Rauch.

An jenem Frühlingstag machte das Joggen richtig Spaß. Erstmals schaffte ich es um die Friedhofsmauer in unter drei Minuten. Echt cool. Auch die Friedhofsmauer-Nordwand meisterte ich problemlos. Auf dem Gipfel habe ich ein kleines Kreuz aufgestellt. So wie jeden Morgen. Doch dann sollte sich mein Leben für immer ändern:

Um 08:30 begann ich wie geplant mit dem Weitsprung von der Friedhofsmauer. Bei den ersten Versuchen landete ich wie immer todsicher auf der Grabplatte. Doch beim dritten Sprung passierte es. Ich verschätzte mich. Ich verfehlte die Grabplatte. Der Aufschlag war hart – mit meinem Kreuz – auf einem Kreuz. Das Kreuz zerbrach, und seit diesem Moment - bin ich tot. So ein Pech. Aber es gibt Schlimmeres im Leben. Zum Glück hatte ich es von hier aus ja nicht weit. Ich musste nun also in den Untergrund gehen. Wollte ich sowieso schon immer. Unvermeidliches Schicksal eines Spät-Hippies.

Einen Tag später:

Die lassen mich jetzt fallen. Typisch Gesellschaft. Ich falle tief. Ungefähr zwei Meter. Grab Nr. 333. Dabei läuft komische Musik. Klingt irgendwie so merkwürdig traurig. Und die reden komisches Zeugs in toten Sprachen. Diese Oberirdischen wollen mich wohl verarschen. Und was sollen überhaupt diese Kreuze? Sadomaso gibt's inzwischen wohl überall. Sogar hier an meiner Sportstätte. Perverse Welt.

25. März: Mein Nachbar aus Grab Nr. 93 lässt einen fahren. Das stinkt zum Himmel. Bei dem ist wohl der Wurm drin. Trotzdem beschließe ich, etwas gegen die drohende Totenstille zu unternehmen. Ich nehme Kontakt mit ihm auf. Wir kennen uns noch von früher. Wir sind immer gemeinsam gesprungen hier an meiner Sportstätte. Bis er sich dann

verschätzt hat. Man sieht sich halt immer zweimal im Leben.

26. März: Immer dieses Getrampel da oben. Langsam nervt es. Diese ignoranten Oberirdischen. Dass die immer mit mir reden wollen... und dann so von oben herab... Nein, ich werde euch nicht antworten!!!

27. März: Inzwischen habe ich mich gut eingerichtet in meinem Sarg. Habe jetzt mit Wandmalerei angefangen. Echt stylish. So viel Fun haben die da oben bestimmt nicht! Hatte heute übrigens einen Alptraum. Habe geträumt, ich sei ein Skelett. Schon 'ne krasse Vorstellung. Weiß gar nicht, wie ich auf so einen Blödsinn komme. Naja, vielleicht im nächsten Leben.

28. März: Mein Nachbar aus Grab 93 hat übrigens auch ein Hobby. Trommeln. Immer schön gegen den Sarg. Von innen. Außer mir hört das niemand. Komisch. Aber Trommeln ist hier an meiner Sportstätte gerade schwer im Trend... Genauso wie Klopfen. Ich weiß auch nicht, warum die das alle machen!

30. März: Mein Nachbar ist so cool drauf. Wir haben heute ein Requiem komponiert. Das müssen wir mal aufführen. Aber dann hat mich schon wieder so ein Oberirdischer angequatscht. Der hat mich gefragt, ob ich ihn höre! So ein Psycho. Aber ich mach das wie immer: Ich schweige wie ein Grab. Ich will nix zu tun haben mit eurem Scheiß Leben!

31. März: Jetzt reicht's: Da hat doch tatsächlich so ein Oberirdischer irgendwas von Pentagrammen gefaselt und mit so Beschwörungsformeln angefangen. Hier an meiner Sportstätte. Und dann hat der doch tatsächlich versucht, mich anzugraben. Mit Schaufel. Voll der Freak! Habe aber mit aller Kraft den Deckel zugehalten. Mein Sarg gehört mir! Den zeig' ich an wegen Hausfriedensbruchs.

01. April: Mein Entschluss steht: Ich lasse mich nicht länger verarschen hier in meinem Sarg. Ich werde zurückschlagen. Ihr werdet euch noch umschauen, ihr tumben taktlosen Trampeltiere da oben. Ich werde euch etwas entgegensetzen, etwas, das ihr noch nie erlebt habt, ich werde euch die Hölle heiß machen, und ihr werdet anfangen, an Geister zu glauben, und in eurer Verzweiflung werdet ihr schließlich... von der Friedhofsmauer springen! Denn nächstes Mal, wenn einer von euch unsäglichen, hirnverbrannten oberirdischen Stalkern mich belästigt, dann.... ja dann WERDE ICH ANTWORTEN. Und mich anschließend totlachen....

Welche Musik hören Sie am liebsten?
- *Meine eigene.*

Welche Literatur lesen Sie am liebsten?
- *Meine eigene.*

Worauf sind Sie besonders stolz?
- *Auf mich und meine Werke.*

Worüber können Sie lachen?
- *Über meine eigenen Witze.*

Haben Sie Vorbilder?
- *Nein… naja, höchstens mich.*

Gibt es eine große Liebe in Ihrem Leben?
- *Ja.*

Dürfen wir erfahren, um wen es sich handelt?
- *Natürlich, um mich.*

Ergänzen Sie bitte die folgenden Sätze:

Das Wichtigste in meinem Leben….
- *… bin ich!*

Besser als ich zu sein…
- *… wird niemandem je gelingen.*

Eigenlob….
- *…. stimmt.*

Hochmut …
- *…. kommt vor.*

Erlauben Sie noch eine abschließende Frage...
- *Gerne!*

Was halten Sie eigentlich von Bescheidenheit?
- *Finde ich gut. Muss jetzt aber los.*
  Zu meiner Yacht.

Ich danke Ihnen für das Gespräch.

Als „NichtGanzDichter" stehe ich auf der Bühne – und der Name ist Programm. Bei Poetry Slams gibt es meist *spaßige* Nummern, und auch *ansonsten* geht es in meinem Leben eher kurios und abenteuerlich zu. Vieles davon fließt in Essays, Gedichte und in autobiographische Kurzgeschichten ein. Oft ist es geradezu verrückt, nicht ganz dicht eben – und es gibt *einen* Menschen, der sich darüber *ganz besonders* amüsiert: meine Oma.

Frühjahr 2017. Von den skurrilen Erlebnisberichten des Enkels inspiriert, beschließt meine Großmutter, auf ihre alten Tage nun *ihre* prägendsten und spannendsten Erinnerungen zu Papier zu bringen. Von dieser Idee bin ich sofort begeistert, schließlich kann man das Leben meiner Oma, ohne zu übertreiben, als *spektakulär* bezeichnen – und das bis ins hohe Alter! *So* viele Anekdoten hat sie mir schon erzählt, so dass ich kurzerhand vorschlage: „Lass uns ein *Buch* daraus machen!" Gesagt, getan.

Fortan nennt sie sich „die *Pfälzer* Oma", setzt sich an ihren rustikalen Wohnzimmertisch und beginnt, obwohl sie sich schlecht bewegen kann und zuweilen unter starken Schmerzen leidet, wie eine Besessene drauflos zu schreiben – manches Mal die ganze Nacht! Da jagt eine Geschichte die nächste, am Ende sind es 50 an der Zahl! Es ist *spannend* für die Großmutter, die alten Zeiten noch einmal Revue passieren zu lassen, und es ist *beeindruckend* für mich: Wie sie als junges Mädchen im Luftschutzbunker dazwischen ging, als ukrainische Zwangsarbeiterinnen drangsaliert wurden, wie sie französische *Besatzungssoldaten* lautstark in die Schranken verwies – und viele Jahre später auch noch eine Rockerbande! Und wie sie sich mit deren *Anführer* angefreundet hat, weil er *„eigentlich ziemlich intelligent"* ist, wie *meine Oma* jedenfalls feststellte.

Nein, das wird *kein* Helden-Epos! Eines war die „Pfälzer Oma" nämlich immer: *streitbar* und kampfeslustig. Ihr Motto: „Wer Streit *will*, der kann ihn haben!" Und rotzfrech ist sie auch noch: Als ihre Cousine einmal meinte: „Du weißt ja, der Mensch stammt vom Affen ab", da erwiderte meine Oma: *„Du* vielleicht schon – *ich net!"* Oder als sie es letztes Jahr doch tatsächlich mit einem *lüsternen Taxifahrer* zu tun bekam, der ihr erklärte, welche Wirkung er auf Frauen hätte, dass er schon mal 50 Euro Trinkgeld bekäme, und dass das Alter *gar* keine Rolle spielt, da entgegnete *meine Oma:* „Von ihrer Wirkung merk' ich aber nix! Das brauche' Se *gar net erst* versuche'! Und mehr als zwei Euro kriege' Se von mir net!"

Ja, nichts liebt sie mehr als zu lachen – auch über sich selbst: Angesprochen auf ihr stolzes Alter, wobei ihre Stimme gut und gerne 30 Jahre jünger klingt, pflegt sie in ihrer ureigenen Pfälzer Mundart zu sagen: „So alt wird kee' Kuh im Odenwald" – womit sie unbestritten Recht hat! Oder sie stellt sich vor den Spiegel und klagt: „Des is ja furchtbar, ich seh' ja aus wie 80!" – worauf *ich* regelmäßig entgegne: „Da hast du dich aber gut *gehalten*, du bist 88!"

In solchen Situationen bringt sie ihren Lieblingsspruch: „Do machscht was mit!" Und *so* hat sie ihr Buch dann auch genannt.

Ihre zweite große Leidenschaft neben dem Lachen ist das *Bauen*. Mehrere Häuser hat sie mitgebaut. An manchen Tagen würde sie am liebsten wieder damit anfangen. Doch weil das nicht geht, sagt sie zu mir: „Wenn du mal baue' willsch': Kein Problem, ich stell' mich danebe' und geb' die Befehle!" So ist sie – voller Tatendrang!

Und da die „Pfälzer Oma" obendrein ein großer Fan von *Außerirdischen* ist, hat sie mit mir folgende Vereinbarung getroffen: Sobald sie bei ihr landen, werde *ich* der erste sein, den sie anruft! *Weit* habe ich es dann nicht, denn vor fünf Jahren habe ich mir einen Wohnsitz in ihrer Nähe zugelegt.

Richtig kennengelernt habe ich meine Oma übrigens erst, als sie schon 76 war. Die Ärzte hatten sie *längst aufgegeben*. *Jetzt* geht sie auf die 90 zu. Sie sagt: „Den Gefallen, dass *ich* in die ewigen Jagdgründe eingeh', tu' ich *so schnell* niemandem!" Denn auch wenn ihre *Schritte* zunehmend schwerer werden, das Wichtigste, der *Kopf*, funktioniert noch!

Dazu fällt mir eine Anekdote ein, die die Pfälzer Oma einmal im Fernsehen aufgeschnappt hat und die sie seitdem *immer wieder* erzählt: Ein junger Journalist interviewt einen 100-Jährigen. Am Ende des Gesprächs meint der Journalist: „Na, ob wir uns vielleicht nächstes Jahr noch mal *sehen?"* Sagt der 100-Jährige: *„Warum denn nicht?* Sie sehen doch noch ganz gut aus!" Und dann *lacht* sie sich wieder fast kaputt.

Rückblende: Ihr Vater war Sozialdemokrat, sie war „Jungmädel" in der NS-Zeit – und marschierte mit. Als sie als 10-jähriges Mädchen dann ihre Ohrringe ausziehen soll, da ein *deutsches* Mädchen keine solchen trägt, da weigert sie sich – und wird bestraft. Befehlen lässt sich *meine Oma* nichts! Im Krieg erlebt sie die Bombennächte in ihrer Heimatstadt Ludwigshafen, ihre Schulfreundin kommt ums Leben, und um den Brand des Nachbarhauses zu löschen, schüttet sie das Fischbecken aus, samt Goldfischen. Ihre Ohrringe behält sie *weiterhin* an, aus Trotz, obwohl sie sie eigentlich längst viel zu kindlich findet – bis dann 1946 die große Hungersnot ausbricht. Da tauscht sie die Ohrringe bei einer Bauersfrau gegen 50 Pfund Weizen und macht damit einem kleinen Mädchen eine Freude. Wie so viele andere hat meine Oma Lebensmittel *„organisiert"*, wann immer es ging. Vor dem Jugendgericht hat sie sich dafür verteidigt und auf die Frage, ob sie *wieder* Kartoffeln klauen würde, hat sie geantwortet: „Ja, jederzeit. Meine Mutter ist krank und soll gut essen!" Ihr Vater sagte später einmal: „Ohne *dich* wären wir verhungert!" Bis heute ist *das* für meine Oma das größte Kompliment, das sie je erhalten hat.

Zwei ihrer Brüder haben den Krieg nicht überlebt. Ihr zweiter Mann, der die Liebe ihres Lebens war, ist viel zu früh verstorben. Doch trotz aller tragischen Momente hat sie ihren wichtigsten Wesenszug bis heute *nie* verloren: *Betrachte die Dinge positiv!*

Und so wünsche ich *ihr und mir*, dass ihr Lebensmut und *Lachen* noch lange Zeit erhalten bleiben – und wir *gemeinsam* noch die eine oder andere Geschichte schreiben.

Mitmach-Texte

Interaktive Texte erfreuen sich bei Poetry Slams besonderer Beliebtheit. Schließlich wird auf diese Weise das Publikum gnadenlos mit einbezogen!

Zeichnet sich Slam Poetry ohnehin schon durch eine mal mehr oder weniger stark ausgeprägte Lebhaftigkeit des „gesprochenen Wortes" aus, was den Slam im Übrigen von der Lesung unterscheidet, so stellen Mitmach-Texte quasi eine weitere Steigerung dar. Und das funktioniert so:

Jedes Mal, wenn der Künstler auf der Bühne ein bestimmtes Signal gibt, rufen die Zuschauer im Chor den gewünschten Begriff! Sorgt für Interaktion de luxe!

Kann lustig werden, kann ernst werden – und kann schon mal in einem „Loblied" der etwas anderen Art auf unseren illustren US-Präsidenten gipfeln!

Ode an „The Donald"   2017

Wer macht die Staaten wieder groß?

Dank wem ist endlich mal was los?

Wer feuert gern sein Personal?

Wem helfen Russen bei der Wahl?

DONALD TRUMP, DONALD TRUMP!

Wer setzt auf Autos und auf Kohle?

Wer sagt, es schmelzen keine Pole?

Wer schafft die Krankenkasse ab?

Wer spricht von sich – und nicht zu knapp?

DONALD TRUMP, DONALD TRUMP!

Wer stylt sich seinen blonden Schopf…

Wer hat den *größten*… roten Knopf?

Wer lässt sich von Gefühlen lenken?

Wer spricht das aus, was viele denken?

DONALD TRUMP, DONALD TRUMP!

Wem schau'n die meisten Menschen zu?

Wer ist mit Erdogan per du?

Wer will die höchste Mauer bau'n?

Und hat die Latte nicht am Zaun?!

DONALD TRUMP, DONALD TRUMP!

Wen hält man für 'nen Dilettanten?

Besetzt die Posten mit Verwandten?

Wer hat die allerschönste Frau?

Und wer benimmt sich stets wie Sau?!

DONALD TRUMP, DONALD TRUMP!

Wer kann Migranten gar nicht leiden?

Wer kann selbst über Fakten streiten?

Wer pfeift auf seine besten Leute?

Wo tobt der Mob, wo johlt die Meute?

DONALD TRUMP, DONALD TRUMP!

Wer kann die Hillary nicht riechen?

Wer braucht's, dass alle vor ihm kriechen?

Wer glaubt, dass er der Größte ist?

Und wer glaubt selbst den ganzen Mist?

DONALD TRUMP, DONALD TRUMP!

Wer hat die allervollste Tasche?

Wer legt sein Land in Schutt und Asche?

Wer macht Unmögliches echt wahr?

Wer karikiert die USA?

DONALD TRUMP, DONALD TRUMP!

Wer schimpft und flucht, bis alles bebt?

Wer zeigt, dass Populismus lebt?

Wer redet wie ein Kind mit drei?

Wer pöbelt... und hat Spaß dabei?

DONALD TRUMP, DONALD TRUMP!

Wer golft und grapscht… und ist am Twittern?
Wer brüllt, bis Journalisten zittern?

Und wer verhandelt alles neu?
Ja, welcher Mann hat Geld wie Heu?

DONALD TRUMP, DONALD TRUMP!

Wem fehlt's an Hirn und Empathie?
Wer ist gelebte Comedy?

Wer hat die allergrößte Meise?
Wer labert nur gequirlte Scheiße?

DONALD TRUMP, DONALD TRUMP!

Wer zeigt sich gern mit Generälen?
Wen wird man doch nicht wiederwählen?

Wer hält die ganze Welt auf Trab?
Wie heißt er noch, der alte Sack?

DONALD TRUMP, DONALD TRUMP!

Wie bitte, ich hab's noch nicht richtig gehört...
noch mal, wie heißt der?!

DONALD TRUMP, DONALD TRUMP!

Danke!

Liebe! 2010

1

Schon....*wie*der haben sie sich vor ihm gebückt.
Sie haben ihn *gegrüßt,* geherzt und gedrückt.
Die liebenden Kol*legen* - die will er alle *top*pen.
Er hat es schon geschafft, viele *weg*zumobben.

Er ist ein echter *Figh*ter - so karrieregeil,
der süßen Azu*bine* fasst er gern ans Oberteil!
Er ruft zuhause *an* – heut' käm er später *heim,*
dann rollt er einen *Schein* –
und zieht erst mal 'ne *Line!*

Für Arbeit in der *Nacht* – gibt es *immer* einen Grund.
Er spielt die große *Num*mer,
den *rich*tig harten Hund!
Bis *man* auch ihn *ersetzt* - ein Rädchen im Getriebe...
... da*bei* will er doch nur das *E*ine: LIEBE

2

Die Nacht g'rad durchge*macht*,

würd *sie* viel lieber *geh'n,*

für Kunde Nummer *zehn* – muss sie pa*rat* steh'n!

Gibt *er* ihr einen *Fuffi* – gibt's *kei*ne Ruhezeit!

Sie *nennt* ihn zärtlich Schnuffi –

und macht die *Beine* breit!

Und sie muss *alles* machen, ohne Ekel, *oh*ne Scham,

sie sollte *Mo*del werden, als sie aus Ru*mä*nien kam.

Sie war erst *süße* sechzehn, hatte Träume, hatte *Stil.*

Dann nahm man ihr die *Ehre*, ihren *Pass,*

da *bleibt* nicht viel!

Sie hat sich *auf*gegeben –

Sieht keine *Zukunft* mehr!

Kein *Bock* auf dieses Leben –

Die Augen traurig, leer.

Doch *nie*mand schaut hinein –

denn *sie* bedient nur Triebe…

… da*bei* will sie doch nur das *Ei*ne: LIEBE

3

Bei *zehn* Grad unter Null – da friert der *A*sphalt zu.
Er findet keine Ruh' –
ihn wärmt nicht mal ein Schuh!
Die *Straße* gehört *ihm* – da hat er sich versteckt...
Die Decke zugezogen, damit er nicht *verreckt!*

An *ihm* läuft man vorbei –
und *niemand* fragt, wie's läuft...
Doch *gleich* gibt es Geschrei –
weil er *bet*telt, weil er säuft...
Er *flog* aus seinem Job – verlor dann jeden Mut,
und *heute* wirft man ihm –
nur 'ne Münze in den Hut!

Dann jagt man ihn hi*naus* –
denn *uns're* Stadt bleibt rein!
Für *ihn* richtet kein *Schwein* – ein *Spen*denkonto ein!
Sein Leben ist die *Här*te –
und ständig setzt es *Hiebe*...
... **da*bei* will er doch nur das *Ei*ne: LIEBE**

4

Sie wohnt bei ihrer *Mutter* – im trauten *Doppel*haus.

Wie *gerne* wär' sie schlanker –

man nennt sie Moppelmaus.

Sie soll die *Schönste* sein –

dann kann die Mami protzen.

Finger in den *Mund* – das Leben ist zum *Kotzen*!

Sie soll mal *Abi* machen – und an die *Uni* geh'n!

Doch was sie *wirk*lich will –

Tja, *das* will niemand seh'n!

So *manchem* musste sie –

schon *früh* zu Diensten sein.

Seitdem ist sie ver*stört*, da war sie noch ganz *klein*…

Und *nie*mand hört ihr zu – dafür kriegt sie 'n *Scheck*!

Man schert sich einen *Dreck* –

und schickt sie auch noch *weg*!

So hat sie *keine* Kindheit –

nur Hin- und *Her*-Geschiebe…

… da*bei* will sie doch nur das *Ei*ne: LIEBE

5

Er war ein echter *Kerl* – gebräunt und *durch*trainiert,

und ist so richtig *stolz* – mit der Ar*mee* marschiert.

Er kämpfte für das *Recht* – die Waffe in der *Hand,*

Fragen waren *schlecht* – es dient dem Vaterland!

Und eines Tages *sind* sie – dann über *Land* gefahr'n,

doch merkten es zu *spät* – als die Gra*nate* kam...

Man hat ihn ampu*tiert,*

jetzt kann er nicht mehr *rennen,*

Als Kerl darf er nicht *flennen* –

und *Krieg* darf man's nicht *nennen!*

Für viele, die ihn *moch*ten –

passt er nicht mehr ins *Bild.*

Er sehnt sich nach Ge*fühlen* –

doch *niemand,* der sie stillt!

So *sieht* er nicht mehr *viel* –

was ihm vom Leben *bliebe...*

    ... da*bei* **will auch** *er* **nur das** *Ei***ne: LIEBE!**

Mein Wahl-PRO-gramm 2017

Liebe Wählerinnen und Wähler, yo, yo, yo!

In diesem *Lande…* sind viel zu viele…
einfach nur da*gegen*!
So eine *Schande…* drum lasst uns jetzt…
gemeinsam was bewegen!

Wir sagen *Schluss* mit dem Gejammer…
mit Nein und Njet und NO!
Wir wollen nur das *Schöne* –
und sagen einfach **PRO**!

Ist diese Welt auch voller *Krisen*,
sind die Finanzen noch so *klamm*,
wir lassen uns die Stimmung nicht ver*miesen*,
denn *alles*, was wir brauchen,
ist ein anderes **PRO**-gramm!

Nein, *nix* mit grauer Theorie

und mit Agenda Zwanzig-*Zehn*!

Was wir jetzt **PRO**-pagieren,

das hat die *Welt* noch nicht geseh'n!

Statt Stillstand, Angst und Mief...

sind wir ab heute **PRO**-aktiv!

Denn anstatt nur zu sinnieren,

müssen wir es einfach mal **PRO**-bieren!

Wir fordern eine kluge

und gepflegte Wahl des Worts!

Und Schluss mit Korruption

und diesem Missbrauch und **PRO**-porz!

Mit hochbezahlten Stars und **PRO**-minenten!

Mit miesen Sängern, schlechten **PRO**-duzenten!

Wir wollen echte Philosophen und Poeten

anstatt gefährliche **PRO**-pheten!

Wir woll'n **PRO**-metheus

statt **PRO**-leten auf drittklassigen Sendern...

so dass wir das Niveau von RTL
und von **PRO** Sieben
nachhaltig verändern!

Wir stehen ein für Individualität,
auch in der Sexualität,
egal ob monogam, ob bi
und selbst bei **PRO**-miskuität!
Freie Ent*fal*tung der Person
anstatt Armuts-**PRO**-stitution!

Wir sagen: Jedem seine Pille…
statt nur Verbote und null **PRO**-mille!
Denn statt immer mehr **PRO**-fit
sagen wir **PRO**-sit!

Mit Bier und mit **PRO**-secco,
mit Wein von hier…
und aus der **PRO**-vence!
Und statt **PRO**-bleme
sagen wir **PRO** Chance!
Ist das nicht toll?!

Bitte auch *das* ins **PRO**-tokoll!

Denn ab *jetzt*… ist das *Glas*

nicht mehr halbleer, sondern halbvoll!

Mehr Mut… zu schrillen Tönen und zu Rosa –

zu feiner Lyrik und zu wunderbarer **PRO**-sa!

Und schönere Klamotten zum An-**PRO**-bieren!

Und die Gehirne bitte um-**PRO**-grammieren!

Denn statt Kontra und statt Anti…

heißt es jetzt Avanti!

Schluss mit endlosem Gezetere

und endlosem **PRO**-zedere!

Wir brauchen schnellere Entscheider –

und schnellere **PRO**-vider…

und **PRO**-zessoren!

Mehr Qualität in *Schulen* und bei **PRO**-fessoren!

Und bei Doktoren… die anstatt zu plagiieren,

endlich wieder **PRO**-movieren!

Statt Kanonen und **PRO**-jektile

brauchen wir mehr menschliche **PRO**-file!

Wo andere gleich toben, einfach loben!

Das Positive **PRO**-tegieren!

Anstatt zu spalten und zu **PRO**-vozieren!

Versprechen halten und dann in-tegrieren!

Auch junge *Ob*-dach-lose,

für die Sozial-**PRO**-gnose!

Das alles nennt man **PRO**-gressiv!

Und auch re-**PRO**-duktiv!

Hin zu einem Leben mit mehr Vitaminen..

und mit mehr **PRO**-teinen!

Das alles sollte dienen: **PRO** Esskultur!

Anstatt **PRO**-blemzonen und Ärzte-**PRO**-zedur!

A **PRO** pos:

Mehr Beratung durch Pädagogen

statt hinterher zum **PRO**-ktologen!

Mehr miteinander reden statt
Nachbarschafts-**PRO**-zesse!
Und lieber mal **PRO**-log statt auf die Fresse!
Mehr frischen Wind und bitte **PRO** Solar…
und einen fairen Lohn **PRO** Jahr!

Yo! Letzte Runde!

Und jetzt sprengt die Mauern in den *Köpfen*!
Und jetzt lasst uns neue Hoffnung *schöpfen*!

Wir sagen: **PRO** Herz UND **PRO** Gefühl!
           PRO Mensch statt nur Kalkül!

Dann schaffen Extremisten keine fünf **PRO**-zent,
weil wir erkennen, dass uns…
viel *mehr* verbindet als uns trennt!

Dann gibt es für **PRO**-test auch keinen Grund!
Denn alles, was wir machen…
ist nicht **PRO**-fan, sondern **PRO**-fund!
So ist die Welt am Ende wirklich bunt!

Wie in einem **PRO**-spekt!

Endlich mal ein positives **PRO**-jekt!

Und war es auch politisch,

dafür durchweg **PRO** statt kritisch!

Ich sage DANKE...

PRO Person und auch **PRO** Ton!

Für die gesamte **PRO**-klamation

PRO Vision... und auch **PRO** Spaß!

Jetzt heißt es aus-**PRO**-bieren

und Applaus **PRO**-duzieren!

Ja, das war's!

Bonus-Text

Nach bis dahin hoffentlich vergnüglicher Lektüre gibt es zum Abschluss einen „Bonus-Text"! Man rufe sich die Melodie des bekannten Insterburg-Oldies „Ich liebte ein Mädchen" ins Gedächtnis – und intoniere inbrünstig die nun folgenden Zeilen, die mit ein wenig Fantasie durchaus mit dem Leben des nicht ganz Dichten in Zusammenhang gebracht werden könnten!

Ich liebte ein Mädchen im Rheinland 2017

Ich liebte ein Mädchen im Rheinland,

bei der ich mich gerne einfand.

Dort liebt' ich ein Mädchen in Kölle,

mal war es Himmel, mal Hölle!

Ich liebte ein Mädchen in Kevelaer,

auch die machte mir nur das Leben schwer.

Ich liebte ein Mädchen in Düren…

Sie sagte, sie würde nix spüren!

So liebt' ich ein Mädchen in Inden...
Doch *die* konnt' sich nie überwinden.

Ich liebte ein Mädchen in Tönisvorst,
sie war die Schöne, ich der Horst!

Ich liebte ein Mädchen in Königswinter,
da war *überhaupt* nix dahinter.

Drum liebt' ich ein Mädchen in Soest,
sie spendete wenigstens Trost.

> Dann ließ ich es im Rheinland sein
> und *zog* mal weiter südlich rein...

Ich liebte ein Mädchen in Niederzissen,
die hat mich erst mal gebissen!

Ich liebte ein Mädchen in Nickenich...
Sie sagte mir gleich, sie mag *Dicke* nich'!

Ich liebte ein Mädchen in Klein-*mai*-schaid,
doch *die* ließ mir leider kei *Frei*-heit...

So liebt' ich ein Mädchen in Simmern,
die brachte mein Herz gleich zum Flimmern.

So *kam* ich an in der *schönen* Pfalz,
und alle fielen mir *um* den Hals!

Ich liebte ein Mädchen in Eppstein…
Auf *sie* fiel gleich jeder Depp rein.

Ich liebte ein Mädchen in *Ludwigs*hafen,
da hab' ich wenigstens *gut* geschlafen.

Ich liebte ein Mädchen in Mundenheim,
die *ließ* mich immer erst nach Stunden heim.

Dann liebt' ich ein Mädchen in Maudach,
sie wollte, dass *ich* mich erst schlau mach'!

Ich liebte ein Mädchen in Frankenthal
und landete *danach* im Krankensaal.

Ich liebte ein Mädchen aus Alzey…
Sie meinte, dass sie aus der *Pfalz* sei!

Ich liebte ein Mädchen in Mutterstadt…
Oh *Gott*, was *die* für 'ne Mutter hat!

Ich liebte ein Mädchen in Speyer.
'S war immer die gleiche Leier!

Ich liebte ein Mädchen aus Dirmstein,
dann *schal*tete ich mein Ge*hirn* ein.

Ich liebte ein Mädchen in Landau,
oh nein, dass ich *mir* sowas *an*schau'!

Ich liebte ein Mädchen in Schifferstadt,
die ihr *Herz* leider nur für Kiffer hat!

Ich liebte ein Mädchen in Böhl-Iggelheim,
da *schleppte* ich mir gleich Pickel ein!

Ich liebte ein Mädchen in *Mai*kammer!
Bei ihr war nur das Ge*schrei* Hammer!

Ich liebte ein Mädchen in Edenkoben!
Auch die hab' ich erst mal weggeschoben!

Dann lieb' ich ein Mädchen in Neustadt,
die leider viel zu viel Scheu hatt'!

Ich liebte ein Mädchen in Germersheim.
Nie *wieder* wollte mir wärmer sein.

Ich liebte ein Mädchen in Otterstadt,
doch *hatte* ich bald ihr Gestotter satt!

Ich liebte ein Mädchen in *Kirr*-weiler...
Ich war *deutlich*, doch sie fand *wirr* geiler!

Ich liebte ein Mädchen in Hassloch,
ich *sah* sie und dachte mir: Was noch?!

Ich liebte ein Mädchen in Klingen*münster*,
doch die hatte nix übrig für Künstler.

So lieb' ich ein Mädchen in Altrip,
auch *die* wurd' beinah zum Fallstrick!

Drum *macht'* ich mich schließlich *auf* die Walz –
und ging wieder weg aus der schönen Pfalz!

Jetzt *lieb'* ich ein Mädchen in Bonn!
Und sie weiß gar nix davon!

AUS!!!!

NichtGanzDichter:

Geschichten eines nicht ganz Dichten

Meine verrücktesten Begegnungen – ein Schwerstbegabter packt aus!

Meine verrücktesten Begegnungen – ein "Schwerstbegabter" packt aus!

Inhalt:

NichtGanzDichter… dieser Name könnte dem einen oder anderen schon einmal beim Poetry Slam begegnet sein… Dort tritt der umtriebige Poet als rappender Schachspieler in Erscheinung und setzt das johlende Publikum kollektiv schachmatt. Doch NichtGanzDichter ist mehr: Das Leben des Naturwissenschaftlers, Journalisten und Maklers verläuft alles andere als in normalen Bahnen. Immer wieder zieht er skurrile Menschen geradezu magisch an. Sei es ein Professor, der täglich durchs Hochschulgelände brüllt und sich als Hobbydetektiv betätigt, sei es ein Steuerberater, der zugleich als Hooligan unterwegs ist und dessen Dachschaden sich auf 70.000 EUR summiert... oder zwei russische Spioninnen, die den Dichter in Köln observieren, eine französische Bulldogge, die beim Klavierspiel assistiert, ein Haribo-Schlumpf, der ihn am Ende den Job kostet – oder jenes Internet-Date, das sich über die Feuerleiter auf und davon macht! Von solchen und ähnlichen Begegnungen erzählt das vorliegende Werk. Ob es im Einzelfall lustig, traurig oder bedenklich ist, möge der Leser selbst entscheiden. Eines dürfte jedoch feststehen: NichtGanzDichter ist originell, speziell und schwerstbegabt! Letzteres ist sogar amtlich attestiert.

128 Seiten, 1. Auflage 2017.

ISBN (Paperback): 978-3-7439-1169-7   10,99 EUR
ISBN (Hardcover): 978-3-7439-1170-3   15,99 EUR
ISBN (e-Book):   978-3-7439-1171-0   2,99 EUR

E.B. und NichtGanzDichter:

Geschichten der Pfälzer Oma

50 heitere, dramatische, unglaubliche Tatsachenberichte –
von 1930 bis heute

Inhalt:

Die „Pfälzer Oma" alias E.B. blickt auf ein überaus bewegtes Leben zurück! Als die gebürtige Ludwigshafenerin, inspiriert durch einen ihrer Enkel, im Frühjahr 2017 ihre prägendsten Erinnerungen niederschreibt, ist sie fast 87 Jahre alt.

Herausgekommen ist eine beeindruckende Sammlung von Zeitzeugenberichten aus der Zeit von 1930 bis in die Gegenwart. Es ist ein Geschichten- und ein Geschichtsbuch. Mit Einfallsreichtum, hoher Risikobereitschaft und nicht zuletzt einer ungeheuren Schlagfertigkeit hat sich die „Pfälzer Oma" durchs Leben gekämpft! Als Tochter eines Sozialdemokraten war sie „Jungmädel" in der NS-Zeit, sie erlebte in ihrer Pfälzer Heimat Bombennächte und Hungerjahre, stellte sich schützend vor Zwangsarbeiterinnen, verlor zwei Brüder, baute vier Häuser,

sie verwies französische Soldaten und eine Rocker-
bande in die Schranken – und hat Zeit ihres Lebens
immer gelacht!

Erleben Sie eine packende Zeitreise – und eine
ungewöhnliche Persönlichkeit! E.B. lebt im Umland
von Ludwigshafen, in der Nähe ihres Enkels.

164 Seiten, 2. Auflage 2018.

ISBN (Paperback): 978-3-7469-0003-2   10,99 EUR
ISBN (Hardcover): 978-3-7469-0215-9   16,99 EUR
ISBN (e-Book):   978-3-7469-0216-6   2,99 EUR

Geplante Neuerscheinung (voraussichtlich 2020):

NichtGanzDichter:

Best of Slam Poetry – Teil 2

Platz für Notizen

Zeitfracht Medien GmbH
Ferdinand-Jühlke-Straße 7
99095 Erfurt, Deutschland
produktsicherheit@kolibri360.de